# 我国发展低碳经济的支撑体系研究

李晓燕 著

中国水利水电出版社
www.waterpub.com.cn

## 内 容 提 要

发展低碳经济,已成为人类社会可持续发展的必然选择。本书首先提出我国发展低碳经济的理论基础,并对国内外低碳经济发展的现状进行分析,以此为基础从产业支撑、技术研发、政策支持等方面构建发展低碳经济的支撑保障体系,并且从宏观上提出了我国发展低碳经济的具体保障措施,对我国低碳经济的建设和发展具有重要的意义。

**图书在版编目（ＣＩＰ）数据**

我国发展低碳经济的支撑体系研究 / 李晓燕著. --
2版. -- 北京 ： 中国水利水电出版社，2016.6（2022.9重印）
ISBN 978-7-5170-4276-1

Ⅰ. ①我… Ⅱ. ①李… Ⅲ. ①节能－经济发展－研究
－中国 Ⅳ. ①F124

中国版本图书馆CIP数据核字(2016)第084459号

策划编辑:杨庆川　责任编辑:陈　洁　封面设计:马静静

| 书　　名 | 我国发展低碳经济的支撑体系研究 |
| --- | --- |
| 作　　者 | 李晓燕　著 |
| 出版发行 | 中国水利水电出版社 |
| | (北京市海淀区玉渊潭南路１号Ｄ座 100038) |
| | 网址:www.waterpub.com.cn |
| | E-mail:mchannel@263.net(万水) |
| | 　　　　sales@mwr.gov.cn |
| | 电话:(010)68545888(营销中心)、82562819（万水） |
| 经　　售 | 北京科水图书销售有限公司 |
| | 电话:(010)63202643、68545874 |
| | 全国各地新华书店和相关出版物销售网点 |
| 排　　版 | 北京鑫海胜蓝数码科技有限公司 |
| 印　　刷 | 天津光之彩印刷有限公司 |
| 规　　格 | 170mm×240mm　16 开本　12.5 印张　162 千字 |
| 版　　次 | 2016年6月第1版　2022年9月第2次印刷 |
| 印　　数 | 2001-3001册 |
| 定　　价 | 42.00 元 |

# 前　言

由于全球性的气候恶化、能源危机和环境危机等问题的出现，"碳足迹""低碳经济"等新概念应运而生。我国是世界上最大的发展中国家，能源消耗强度大、排放污染严重，2006 年我国发布的《气候变化国家评估报告》中，明确提出中国要走低碳经济发展的道路。

低碳经济是指在可持续发展理念的指导下，通过技术研发、制度创新、产业转型、新能源开发等各种手段，尽可能地减少煤炭、化石等高碳能源的消耗，减少温室气体排放，达到经济发展、社会进步、生态环境保护相互协调的一种经济发展形态。[①] 低碳经济的实质是能源高效利用、清洁能源开发、追求绿色 GDP 的问题，核心是能源技术和减排技术创新、产业结构和制度创新以及人类生存发展观念的根本性转变[②]。低碳经济成为世界经济发展的潮流，而我国经济发展过分依赖化石能源资源，碳排放量不断增加、生态环境恶化、环境污染日益加重、能源缺口持续扩大、石油对外依存度过高等。在这样的国际、国内背景下，我国发展低碳经济成为必然，对我国而言，发展低碳经济是践行科学发展观、转变传统"高碳模式"的必然选择，而建立健全低碳经济的支撑体系则是促进其健康稳定发展的必然选择。

本书以我国发展低碳经济的支撑体系为研究对象，以可持续发展理论、资源环境稀缺理论、外部性理论为基础，结合我国经济、社会发展所处的特定阶段，采用定性和定量、理论分析和实证分析相结合的方法，对我国发展低碳经济支撑体系进行了探讨性

---

[①] 中国投资咨询网中国低碳经济行业"十一五"回顾及"十二五"规划投资分析及预测报告 http://www.ocn.com.cn/

[②] 人民网．积极把握进入低碳时代的企业创新机遇，2009 年 12 月 02 日．

的研究。其主要内容包含如下几个方面：①分析低碳经济的支撑体系构成要素；②分析低碳产业发展经济效益、社会效益、环境效益，并分别进行了减碳产业的能耗评价、无碳产业的效应分析、去碳产业的未来潜力分析等；③分析了去碳、无碳、减碳技术作用的领域及其机理，并分析目前发展低碳技术存在的问题，并提出相应的对策建议；④分析发展低碳经济的金融政策、财政政策、产业政策，并较为深入地探讨了三大经济的支撑机理，评价目前的低碳经济政策实施效应，针对发展存在的问题，提出相应的对策建议；⑤发展低碳经济的评价支撑体系，从经济、环境、技术和社会等角度构建低碳经济综合评价指标体系，采用模糊层次分析法、主成分分析法对省区低碳经济、市域低碳经济发展水平进行评价，并在未来的研究中将进一步的探讨。

本书系 2016 年河南省科技攻关项目《低碳技术集成及减排效果评价》(152102310341)；2016 年度河南省高校科技创新团队支持计划(16IRTSTHN025)；河南哲学社科"河南省水生态文明建设研究"(2014-SZZD-23)；河南省高等学校重点科研项目"中原经济区生态文明发展空间差异及趋同性研究(16A790012)"、"'一路一带'战略背景下河南省生产性服务业和制造业的协同创新研究(16A790011)"；华北水利水电大学高层次人才引进项目的阶段性成果。本书借鉴了国内外发展循环经济、可持续经济的思想和经验，结合我国的能源、环境、经济特色，进行我国发展低碳经济支撑体系的研究，在我国发展低碳技术、低碳产业、低碳的金融、财政、产业以及相关的配套政策、低碳经济发展评价等方面进行了相应的探索研究，得出结论与建议供我国政府参考，希望能对促进我国生态、能源、环境、经济可持续发展。书中难免存在不足和错误之处，需要进一步地深化和完善，敬请读者批评和指正。

李晓燕

2016 年 4 月

# 目　　录

# 导　　论

## 一、选题意义及背景

"低碳经济"最早见于政府文件是在 2003 年的英国能源白皮书《我们能源的未来：创建低碳经济》[①]。作为第一次工业革命的先驱，英国能源资源耗费巨大，加之英国是资源并不丰富的岛国，因而，英国敏锐地意识到能源安全对英国的重要性，按照目前的消费模式和消费速度，预计到 2020 年英国 80％的能源都必须进口；[②]意识到气候变化对英国的危险性：气候变暖将导致海平面不断上升，侵蚀居住面积有限的岛国。

低碳经济是以低能耗、低污染、低排放为基础的绿色经济，即意味着在发展中排放最少的温室气体，同时获得整个社会最大的产出。[③] 低碳经济实质是提高能源利用效率、研发新能源尤其是清洁能源、追求绿色 GDP 的问题[④]，核心是技术创新、产业结构优化、制度创新以及人类生存和发展观念的根本性转变[⑤]。

发展低碳经济是应对目前气候、环境、发展危机，适应经济发展方式转变，实现经济社会全面、协调、可持续发展的必由之路。

发展低碳经济的国际背景主要是气候危机、能源危机、环境危机。

气候危机：应对气候变化危机是低碳经济提出的最直接、最

---

[①] 孙柏林. 中国自动化与可持续发展—自动化技术进入"低碳经济"新时代[J]. 自动化博览,2010(1).

[②] 尹希果,霍婷. 国外低碳经济研究综述[J]. 中国人口资源与环境,2010(9).

[③] 孙柏林. 中国自动化与可持续发展—自动化技术进入"低碳经济"新时代[J]. 自动化博览,2010(1).

[④] 王洪冉. 欧盟共同能源外交的探析与启示[D]. 河北师范大学,2009.

[⑤] 柯健. 低碳经济：中国经济发展方式转变的必然选择[J]. 理论研究,2010(3).

重要、最根本原因[①]。早在 1896 年，诺贝尔化学奖获得者阿累利乌斯就预测：化石高碳燃料的使用将会增加大气中二氧化碳的浓度，从而导致全球气候变暖。全球气候变暖将产生一系列的消极影响[②]：①极端恶劣天气增多；②疾病肆虐；③粮食作物产量下降；④全球气候变暖引发冰山、冰雪融化，增加洪水的可能性；⑤生态系统变得脆弱；气候变暖还将影响和破坏着地球的生物链和食物链，影响自然界的生物生长[③]。

能源危机：长期以来，以化石能源为基础的工业文明已将人类带入了"高碳经济"体系，依照目前经济发展速度、规模，能源消耗、损耗巨大，但能源储备有限，化石能源可开采量有限，依照目前勘探水平和科技水平，煤炭大约可以使用 200 年，石油大概可以使用 40 年，能源资源的耗竭是发展低碳经济的内在要求[④]。

发展危机：2008 年以来，国际油价的持续高位震荡已经带动了煤价与天然气价格走高，国际能源署（IEA）指出：第三次能源危机已经到来[⑤]。在此背景下，发展中国家所面临的挑战就显得更为突出：经济的快速发展带动能源需求居高不下，发展需要耗费巨大能源，而资源、能源日趋枯竭使得人类使用能源的成本和技术要求不断提高，能源价格随之上涨，能源价格的上涨阻碍了经济发展。因此，许多国家把应对能源危机、气候危机的重点聚焦在新能源开发、节能等低碳经济相关领域。[⑥] 发展的危机促使高碳经济向低碳经济转变。

发达国家和发展中国家对于能源依赖程度存在差异，发达国家已完成工业化和城市化历史任务，跨过了依靠消耗大量煤炭、石油等化石高碳能源的发展阶段；而发展中国家正处于城市化、工业化加速发展的阶段，能源消耗巨大，发展中国家经济发展与

① 陶良虎. 低碳经济：湖北经济发展超越的新路径 [J]. 湖北行政学院学报，2010(1).
② 姚德文. 低碳经济模式下的产业发展新路径[J]. 当代经济，2009(24).
③ 王岩，李武. 低碳经济研究综述[J]. 内蒙古大学学报（哲学社会科学版），2010(3).
④ 周宏春. 低碳经济的发展战略与对策建议[J]. 解放军理论学习，2010(3).
⑤ 张万英. 加强国际合作共渡能源危机[J]. 电气时代，2008(10).
⑥ 陈柳钦. 低碳经济演进：国际动向与中国行动[J]. 科学决策，2010(4).

资源紧缺矛盾加剧。如中国摆脱贫困,发展经济,提高人民生活水平是第一任务,如何在发展低碳经济过程中实现工业化,又能提高人民的生活水平和生活质量,是目前发展中国家面临的挑战之一。同时,目前低碳经济已成为发展中国家和发达国家博弈的焦点之一,如果发展中国家拒绝采取行动,可能会招致发达国家的绿色制裁[①],当然,发展中国家在节能减排上应该有所作为,及早适应未来低碳发展的环境[②]。

党的十六届三中全会提出了以人为本,全面、协调、可持续发展的科学发展观[③],四中、五中全会明确提出要大力发展循环经济,把发展循环经济作为调整经济结构和布局,实现经济增长方式转变的重大举措[④]。在十七大报告中,党中央首次提出了"建设生态文明"的科学理念,为中国的发展指出了一条全新的路径。建设生态文明,根本在于生产方式和生活方式的转变[⑤]。要实现生态文明需要切实地在科学发展观的引领下,探索并建立有利于节约能源资源和保护环境的长效机制、政策措施,其中发展"低碳经济"将成为建设"生态文明"最有力的突破口[⑥]。为此,国家先后发布了《循环经济促进法》,环保部发布了《中国碳平衡交易框架研究》等一系列文件促进其发展。在国家和各地制定的"十二五"规划中,将建设资源节约型和环境友好型社会作为加快经济发展方式转变的重要着力点,并提出了要大力发展循环经济、低碳经济、吸碳经济。

从长远发展来看,低碳经济能有效破解现代经济发展中所面临能源制约、环境制约、增长点制约的必然选择和有效途径。发展低碳经济,开发新能源、新材料,为经济发展开辟新的能源通道;发展低碳经济,能有效地促进节能减排。以往的节能减排和

---

① 王颖. 博弈局势可能会发生迅速的转变[J]. 经济展望,2009(8).
② 徐佩玉. 关于发展低碳经济的思考[J]. 理论学刊,2010(4).
③ 姚广顺. 坚持科学的发展观[J]. 吉化党校学报,2004(1).
④ 何东. 论区域循环经济[D]. 四川大学,2007.
⑤ 唐永红等. 低碳经济的时代价值指归[J]. 山东工商学院学报,2010(2).
⑥ 同上.

污染治理主要是靠政府主导、政策引导，市场只起辅助性作用，企业在参与节能减排和污染治理过程中因改造成本较高，参与的积极性不高，导致了节能减排不持续性和低效性。而发展低碳经济是基于清洁能源机制（CDM）的国际补偿机制、基于政府主导的基金引导机制、基于碳交易的市场机制等，这使得采用新能源、新技术、新工艺、新流程的企业能够从中降低成本、获取利润，进而促进节能减排成为企业的自主行动，从根本上保证了节能减排的有效性、高效性、激励性和持续性；发展低碳经济，可以促进新产业发展，延伸产业链等，这些都成为金融危机的新的经济增长点，成为经济发展的新动力和新引擎。

近几年来，低碳经济的实践活动在全国范围内迅速展开，在电力、交通、建筑、冶金、化工、石化等能耗高、污染重行业先行试点，同时选取上海和保定等地区作为低碳经济试验区，寻求我国的低碳经济发展之路。目前，我国的低碳经济发展迅猛，但是与发达国家和地区相比，仍然存在着诸多难题和问题：一是我国资源禀赋的特点——富煤、贫油、少气，决定了我国消费结构将以煤炭为主，而且这种消费结构在短期内一时难以改变[①]，低碳能源资源的选择有限，加之我国煤炭利用效率低下，单位 GDP 能耗较大，如何在富煤、贫油、少气的资源禀赋条件下发展低碳经济是一大难题[②]；二是我国目前正处在现代化、城市化、工业化加速推进的阶段，需要大规模地进行基础设施建设，能源需求剧增，同时我国正在致力于加快提高人民的生活水平，改善人民的生活质量，如何兼顾经济发展、人民生活水平提升、生态环境改善是我国发展低碳经济的一大难题[③]；三是我国从高碳经济向低碳经济转型的最大瓶颈是技术，我国发展低碳经济的整体技术落后，研发能力有限，尽管在国际公约中规定，发达国家有义务、有责任向发展中国家提供

---

① 李圣华．低碳经济时代炭素制品工业的发展机遇[J]．炭素技术，2010(3)．
② 同上．
③ 柯健．低碳经济：中国经济发展方式转变的必然选择[J]．理论研究，2010(3)．

技术转让,但实际中,我国不得不主要依靠商业渠道引进技术[①],中国引进和研发技术需要大量的资金,我国低碳经济发展存在着资金缺口和技术瓶颈的难题;四是我国主要依靠行政手段强力推进节能减排,通过层层分解节能减排指标到地区、企业推进节能减排,这种方式在短期内能有效、快速地推进节能减排的工作,成效显著,但是从长期过程来看,行政指令方式的刚性必然影响甚至约束市场的有效运行,市场无法有效地发挥推进节能减排的作用,如何有效地发挥市场在推进节能减排中的作用仍需要进一步探索;五是我国经济发展的主体是第二产业,但是我国的工业生产水平和技术水平较为落后,又加重了我国经济发展的高碳特征[②]。因此,调整经济结构,提升工业的生产水平、研发低碳技术、解决资金缺口等是亟待解决的问题。

论文认为,要解决我国发展低碳经济存在的难题,必须以科学发展观为指导,转变经济发展方式,实施可持续发展战略,在技术、资金、政策、产业等方面下功夫。建立以低碳经济的产业发展为核心,以技术为促进低碳经济产业发展的内生变量,利用技术促进资源边界扩张、提高资源使用效率、延伸产业链等,以经济政策为促进产业和技术发展的外生变量,通过经济政策优化产业和技术发展的环境,提供发展所需的资源,给予发展提供优惠政策等,通过支撑要素促进低碳经济发展。

当前,对低碳经济研究主要集中于低碳经济的必要性和现实意义、发展的途径、发展低碳经济的指标研究、碳排放权分配、碳排放利益关系、低碳经济的法律支撑、碳金融等,它们大多将低碳经济的研究局限于低碳经济的某些理论、实证研究或者低碳产业的某个侧面,缺乏对低碳经济系统研究,尤其对我国发展低碳经济支撑体系的研究更是缺乏,这为笔者的研究留出了较大空间,基于此选择了此题目,试图通过人口资源环境经济学的基本理论,探讨我国发展低碳经济的支撑体系研究。

---

①　李圣华.低碳经济时代炭素制品工业的发展机遇[J].炭素技术,2010(3).
②　柯健.低碳经济:中国经济发展方式转变的必然选择[J].理论研究,2010(3).

从理论上讲,低碳经济支撑体系的研究可以对人口资源环境经济学、产业经济学、技术经济学、制度经济学等相关学科进行一定的拓展;从实践上说,对低碳经济支撑体系的研究有利于充分认识我国低碳经济发展的现状、剖析发展存在的问题,在结合实际的基础上,提出一些有建设性的措施,促进我国低碳经济的发展。

我国对低碳经济的认识和研究还处于初步阶段,发展低碳经济存在着所需要的技术落后、制度不完善等问题,走向成熟还有一个过程。发展低碳经济政府热,企业冷;行政手段干预多,市场机制参与少。目前,发展低碳经济支撑体系的研究相对比较少,研究空间广阔。

搜讯自(2003—2011)年,在"我国知网"上收集所登录与低碳经济有关之论文总数。自2003年提出低碳经济到2007年期间,对低碳经济研究甚少,在2008年后,论文的数量明显增多。如下表所示,以低碳经济为关键词精确搜索,文章共有4153篇,以低碳经济支撑体系为关键词进行模糊搜索,文章有10篇,以低碳经济支撑体系为关键词模糊搜索,文章只有3篇,其中尚无硕士、博士论文对低碳经济支撑体系的研究,这为论文研究提供了广阔的空间。

表 0-1　CNKI 有关低碳经济文献数(搜索关键词)

| 年份 | 2003 | 2004 | 2005 | 2006 | 2007 | 2008 | 2009 | 2010 | 2011 |
|---|---|---|---|---|---|---|---|---|---|
| 低碳经济 | 1 | 0 | 1 | 0 | 14 | 77 | 460 | 3164 | 210 |
| 低碳经济支撑 | 0 | 0 | 0 | 0 | 0 | 1 | 0 | 9 | 3 |
| 低碳经济支撑体系 | 0 | 0 | 0 | 0 | 0 | 0 | 0 | 0 | 3 |

表 0-2　CNKI 有关低碳经济硕博论文

| 年份 | 03 | 04 | 05 | 06 | 07 | 08 | 09 | 10 |
|---|---|---|---|---|---|---|---|---|
| 低碳经济 | 0 | 0 | 0 | 0 | 0 | 1 | 3 | 20 |
| 低碳经济支撑 | 0 | 0 | 0 | 0 | 0 | 0 | 0 | 0 |
| 低碳经济支撑体系 | 0 | 0 | 0 | 0 | 0 | 0 | 0 | 0 |

## 二、文献综述

### (一)国外低碳经济研究综述

国外发达国家目前研究低碳经济重点有如下方面:①碳排放的影响因素,分析影响因素与碳排放之间的关系,如碳排放与产业、经济发展、人均收入的关系;②探讨不同的经济发展模式、阶段、速度与碳排放的关系;③能源消费与碳排放,碳排放与能源消费结构的关系、碳排放与能源系统的关系;④具体产业与碳排放关系,涉及产业生产方式、生产类型等;⑤碳减排的经济学风险分析;⑥发展低碳经济的制度安排:政府采取一定的措施可以有效地抑制温室气体的排放,如征收碳税、发展碳交易等;⑦不同国家发展低碳经济的历程。

表 0-3　国外研究低碳经济研究主要人物、观点、领域

| 主要研究领域 | 学　者 | 主要观点 |
|---|---|---|
| 人口规模、年龄结构对碳排放量的影响 | Michael Dalton | 两学者建立使用不同的模型,深入分析碳排放量的影响因素,均认为碳排放与人口、人口年龄结构有关,人口越多,碳排放量越多,人口老年龄化因素降低碳排放量。而且老年龄化因素对碳排放影响较大,其影响力与技术变革对碳排放量的影响相当。[1][2] |
| | SalvadorEnrique Puliafito | |
| GDP、能源消耗与碳排放量的因果关系 | Ramakrishnaa-manathan | 认为国内生产总值、碳排放、能源消耗三者之间有一定的关系,并采用数据包络分析方法分析三者之间的关系,通过技术分析预测得到了碳排放量与能源消耗量的曲线图表[3]。 |

①　Salvador Enrique Puliaf ito,Jos? Luis Puliafito,Mariana Cont e Grand. Modeling population dynamics and economic growth as competing species:An application to $CO_2$ global emissions[J]. Ecological Economics,2008(65).

②　Michael Dalton,Brian O'Neill,Al exia Prskawetz,Leiwen Jiang,JohnPitkin. Population aging and future carbon emissions in the Unit ed States[J]. Energy Economics,2008(30).

③　Ramakrishnan Ramanathan. A multifact or efficiency perspect ive to therelationships a-mong world GDP,energy consumpt ion and carbon dioxideemissions[J]. Technological Forecasting & Social Change,2006,(73).

续表

| 主要研究领域 | 学　者 | 主要观点 |
|---|---|---|
| GDP、能源消耗与碳排放量的因果关系 | Ugur Soytas | 作者以国内生产总值、二氧化碳排放量、能源消耗、固定资本总额、劳动力等因素作为变量，建立了 VAR 模型，研究美国和土耳其的能源消耗、国内生产总值和碳排放量之间的关系，认为美国和土耳其的碳排放量的格兰杰成因是能源消耗而引起的，建议政策的制定要考虑增加诸如风能等清洁能源的使用，降低能源强度①。 |
| 不同行业碳排放量的影响 | Marco Mazzarino | 采用比较静态法和货币估值技术方法，通过数据分析，结果表明运输业是碳排放量最大的行业，运输业所排放的碳约占到总排放总量的33%②。 |
| | RRehanMe | 认为水泥行业是重要的、主要的温室气体排放源之一，并探讨了水泥业在三大境外排放机制下的发展前景③。 |
| 碳排放与国际贸易关系 | PaulB 等人 | 作者以1989—2003年世界上所有的独立国家的面板数据为样本，研究独立国家的人均碳排放量与出口量之间的关系，研究计算表明：1. 人均碳排放量与出口有显著的关系；2. 不同出口行业对人均碳排放量影响不一样，其中影响最大的行业是石油和煤炭、天然气、化工产品、再进口产品④。 |

①　Ugur Soytas，Ramazan Sari，Bradley T. Ewing. Energy consumption，income，and carbon emissions in the United States [J]. Ecological Economics，2007(62).

②　尹希果，霍婷. 国外低碳经济研究综述[J]. 中国人口·资源与环境，2010(9).

③　R Rehan，M Nehdi. Carbon dioxide emissions and climate change：policy implications for the cement industry[J]. Environmental Science & Policy，2005(8).

④　尹希果，霍婷. 国外低碳经济研究综述[J]. 中国人口·资源与环境，2010(9).

| 主要研究领域 | 学　者 | 主要观点 |
| --- | --- | --- |
| 碳税 | Andrea Baranzini. 等人 | 分析各个国家税率后,认为目前世界上各个国家协调税率的最大障碍是源于各个国家税率相差甚大,税率悬殊,导致了各个国家征收碳税没有达到预期的效果,需要对碳税进行税率相关方面的改革①。 |
| 城市或者国家远景 | Kei Gomi 等人 | 应用模型对日本的城市进行了分析,认为需要采取必要的措施以减缓温室气体的排放,并认为交通运输业的节能减排潜力最大,政府在制定政策时需要充分考虑和重视交通的节能减排②。 |
|  | Johnton D et. | 分析了英国大量减少住房二氧化碳排放的技术可行性,认为利用现有技术能有效的促进节能减排,到本世纪中叶可实现在 1990 年基础上减排 80％③。 |
|  | Treffers | 分析通过相关的政策组合,可同时实现两大目标:1. 经济快速增长目标;2. 温室气体排放有效减少的目标。 |

国外研究综述,学者从不同视角、应用不同方法或者模型,进行低碳经济相关领域的研究,主要的结论有:①碳排放量的主要影响因素有:人口数量年龄结构、技术水平、能源和产业结构;②经济增长对碳排放量的影响可通过能源消耗来实现,因此,需要降低单位产值能耗,改变能源消费结构,由化石能源、

---

① Andrea Baranzini. Jose Goldemberg Stefan Speck A future for carbon taxes[J]. 外文期刊,2000(03).

② Koji Shimada, Yoshitaka Tanaka, Kei Gomi and Yuzuru Matsuoka. Developing a Long-term Local Society Design Methodology towards a Low-carbon Economy: An Application to Shiga Prefecture in Japan[J]. Energy Policy, 2007(35).

③ 刘传江,冯碧梅. 低碳经济对武汉城市圈建设"两型社会"的启示[J]. 中国人口·资源与环境,2009(5).

高碳素能源逐渐向清洁能源转变,减少温室气体的排放,实现低碳经济发展[①];③国家之间的贸易存在碳转移,贸易会产生碳泄漏,在国际贸易中要注意隐性碳排放;④不同地区发展不同的产业,碳排放量存在着显著的差异,一个国家在发展低碳经济时应从全局着眼,从总体层面上制定产业发展规划,提升和优化产业结构。

在研究方法上,国外的学者主要是采用了数据包络分析法、AGE 分析方法、产出理论、模糊目标规划方法、灰色关联分析、Lotka Volterra 模型、推测模型等研究方法,值得国内学者学习和借鉴;在国外研究低碳经济发展的实践中,实现低碳经济制度安排研究主要有开征碳税、制定合理税率、规范碳交易制度等。低碳经济已经成为一种国际潮流,对我国的经济、社会发展产生一定的影响,中国发展低碳经济应该重视低碳技术,重视发展清洁能源,重视发展消耗能源强度低的产业,制定法律法规、开征碳税等,通过不同的手段来实现低碳经济。

(二)国内低碳经济的研究综述

国内对低碳经济的相关领域进行研究,主要有如下的方面:低碳经济定义、内涵、特征;我国发展低碳经济的必要性和现实意义;我国发展低碳经济的层次研究;我国发展低碳经济的法律支撑研究;我国发展低碳经济的技术支撑研究;碳金融发展研究;我国发展低碳经济的财政支撑研究;我国碳减排潜力分析;我国能源消耗与碳排放分析;碳排放影响因子分析;碳排放与经济增长分析;对碳排放与进出口贸易关系的研究;对碳排放贸易(交易)的研究;对碳排放实施机制的研究;对碳排放利益关系的涉及等,其代表人物、研究方法、主要观点如表 0-4 所示:

---

① 尹希果,霍婷. 国外低碳经济研究综述[J]. 中国人口·资源与环境,2010(9).

表 0-4　国内研究低碳经济研究主要人物、观点、领域

| 主要研究领域 | 学者 | 主要观点 |
|---|---|---|
| 低碳经济定义 | 夏方堡(2008) | 低碳经济是最大限度地减少煤炭和化石等高碳能源消耗的经济,也就是以低能耗、低污染为基础的经济① |
| | 吴晓青(2008) | 低碳经济是以低排放、低污染、低能耗为特征的经济发展模式,低碳经济的核心内容包括低碳产品、低碳技术、低碳能源的开发利用,低碳经济的发展涉及技术、产业等方面,在低碳发展中尤其要注重技术对其的作用② |
| | 洪凤林(2008) | 低碳经济,是以低能耗、低污染为基础的绿色经济。其核心是在市场机制基础上,通过制度、政策、措施的制定及创新,形成明确、稳定和长期的引导及鼓励,推动、提高节能减排技术开发和运用,促进整个社会经济朝向高能效、低能耗和低排放的模式转型③ |
| | 任勇(2008) | 认为低碳经济是对化石能源依赖度较小、温室气体排放较低的一种经济发展方式或模式。就像"知识经济"强调经济发展中的较高的知识和技术含量,"循环经济"强调经济发展中的资源循环利用一样,"低碳"是对人类社会可持续发展中的经济增长方式提出的又一个新的要求④ |
| | 何建坤(2009) | 低碳经济是以低自然资源消耗、低排放、低污染,达到较高的资源生产率,实现较高的经济社会发展水平和较好的生活质量的一种经济发展模式⑤ |
| | 周生贤(2008) | 低碳经济是以低耗能、低排放、低污染为基础的经济模式⑥ |

① 夏方堡．发展低碳经济实现城市可持续发展[J]．环境在线,2008(2).
② 吴晓青．关于中国发展低碳经济的若干建议[J]．环境保护,2008(22).
③ 逄红．低碳经济:绿色发展新机遇[N]．辽宁日报,2008－04－18.
④ 任勇．向低碳经济迈进[N]．人民日报海外版,2008－06－07.
⑤ 何建坤．打造低碳竞争优势[N]．人民日报,2010－04－20.
⑥ 庄贵阳．低碳经济转型与城市的责任[N]．毕节行署网站,2010－05－28.

续表

| 主要研究领域 | 学者 | 主要观点 |
|---|---|---|
| 低碳经济定义 | 高广生（2009） | 低碳经济就是要减少温室气体排放构建一个经济发展的体系，或者说是可持续发展下一个低碳发展的模式① |
| | 国合会（2009） | 低碳经济是全新的经济、社会、技术体系，与传统经济体系相比，在生产和消费中能够节约资源，减少温室气体排放，保持经济、社会发展② |
| | 潘家华等（2009） | 认为低碳经济是生产力和人文发展均达到一定水平的一种经济形态，旨在实现控制温室气体排放的全球共同愿景③ |
| | 陈凌霄（2009） | 所谓低碳经济是指经济体系只有很少或没有温室效应气体排放到大气层中，或者是指经济体系的"碳足迹"接近或等于零④ |
| 低碳经济的必要性和现实意义 | 金乐琴（2009） | 中国有发展低碳经济有制约因素，但是也有发展潜力优势。如发展阶段、发展方式、资源禀赋、对外贸易结构、锁定效应等因素制约发展，但是中国发展低碳经济又具有潜力优势：如节能减排空间大、经济成本低、技术合作潜力大等⑤ |
| | 黄栋 李怀霞（2009） | 中国有发展低碳的动力：①处于城市化和工业化加速推进的阶段，需要在发展中和节能减排中寻求平衡点；②以新能源产业和可再生能源产业为代表的低碳产业是朝阳产业，不仅有盈利潜力还能带来很多就业机会；③中国作为发展中大国和排放温室气体的大国有义务承担节能减排的职责⑥ |

① 庄贵阳．低碳经济转型与城市的责任［N］．毕节行署网站，2010－05－28．
② 同上．
③ 同上．
④ 陈凌霄．培养低碳生活习惯\促进低碳社会建设［J］．改革纵横谈，2009(4)．
⑤ 金乐琴，刘瑞．低碳经济与中国经济发展模式转型［J］．经济问题探索，2009(1)．
⑥ 黄栋，李怀霞．论促进低碳经济发展的政府政策［J］．中国行政管理，2009(5)．

续表

| 主要研究领域 | 学者 | 主要观点 |
|---|---|---|
| 对碳排放与经济增长（发展）演进关系的研究 | 何建坤、刘滨（2002） | 利用历史的数据，分析了碳排放强度高的原因，定量的研究分析碳排放与GDP之间的关系，评价了未来排放潜力和成本① |
| | 杜婷婷等（2007） | 通过拟合中国的经济发展与$CO_2$的排放函数关系，分析认为中国的库兹涅茨环境曲线演化是"N"得出中。国的经济发展和环境还没有达到协同发展的阶段。需要通过调整能源消费结构，提高能源利用效率；改变居民生活用能结构，促进可再生能源利用等方法来实现② |
| | 王中英和王礼茂（2006） | 通过分析中国的GDP和碳排放的相关度，认为中国的发展是过度依赖投资、经济结构主要是工业为主。认为未来的经济增长应该主要是依靠技术进步、创新和制度的变革。通过转变经济增长方式和优化产业结构，使得在经济增长的同时，降低碳排放强度③ |
| 低碳经济的层次结构 | 毛玉如等人（2008） | 发展低碳经济要进行四位一体的推进战略，其中四位是指：区域、产业、层面、技术，要从这四个层面联合推进④ |
| | 万宇艳等人（2009） | 发展低碳经济应用物质流分析方法分析低碳经济发展，认为发展低碳经济分为三个层面：①国家层面；②区域层面；③企业层面⑤ |

① 何建坤，刘滨，张阿玲．我国未来减缓$CO_2$排放的潜力分析[J]．清华大学学报（哲学社会科学版），2002(6)．

② 杜婷婷．中国经济增长与$CO_2$排放演化探析[J]．中国人口·资源与环境，2007(2)．

③ 王中英，王礼茂．中国经济增长对碳排放的影响分析[J]．安全与环境学报，2006(05)．

④ 毛玉如等．基于物质流分析的低碳经济发展战略研究[J]．现代化工，2008(11)．

⑤ 万宇艳，苏瑜．基于MFA分析下的低碳经济发展战略[J]．中国能源，2009(6)．

续表

| 主要研究领域 | 学者 | 主要观点 |
|---|---|---|
| 对碳排放影响因子的研究 | 徐国泉等（2006） | 徐国泉等人认为能源消费是碳排放的主要来源,但由于资源禀赋以及所处的发展阶段,能源消费结构在短期内很难改变,碳排放量继续增大的趋势不可改变。文章应用碳排放的基本公式,分析了1995—2004年十年间的能源结构、能源效率和经济发展等因素对碳排放的影响,认为碳排放量的日益增加是必然的,并通过模型计算分析得出:经济发展、能源效率、能源结构对人均碳排放的贡献率是不一样的,经济发展对我国经济增长的贡献是呈指数增长的,而能源效率、能源结构对抑制我国人均碳排放的贡献率是呈倒U形① |
| | 查冬兰和周德群(2007) | 查冬兰和周德群应用绝对和相对差异法、基尼系数对我国28省市在1995—2005年的能源效率与二氧化碳排放的差异性进行比较。认为各省市区在能源利用效率方面存在趋同现象,八个经济区间的差异要大于经济区内部的差异,并针对具体情况提出了节能减排的具体对策② |
| | 胡初枝等（2008年） | 胡初枝收集了1990—2005年的数据,利用环境库兹涅茨"倒U型"曲线模型,采取了平均分配余量的分解方法,建立了我国碳排放因素分解模型,定量的分析经济规模、产业结构和碳排放强度对碳排放的贡献率,认为三者对碳减排的贡献率是不一样的,其中经济规模的贡献率最大,产业结构的贡献率最小,经济增长与碳排放之间呈现出"N"形关系,产业结构调整对碳排放具有一定减量效应,而经济规模对碳排放变动则有一定增量效应③ |

① 徐国泉,刘则渊,姜照华.中国碳排放的因素分解模型及实证分析:1995—2004 [J].中国人口资源与环境,2006(6).

② 查冬兰,周德群.地区能源效率与二氧化碳排放的差异性——基于Kaya因素分解[J].系统工程,2007(11).

③ 胡初枝,黄贤金,钟太洋等.中国碳排放特征及其动态演进分析[J].中国人口·资源与环境,2008(3).

续表

| 主要研究领域 | 学者 | 主要观点 |
| --- | --- | --- |
| 对碳排放影响因子的研究 | 张雷（2003） | 通过分析比较发展中国家和发达国家的经济增长和碳排放的长期关系,认为经济结构多元化会促使国家的能源需求增长缓慢,能源消费结构的多元化发展则降低国家的碳排放水平,因此两者的结合会促进国家由高碳经济向低碳经济转变① |
| | 徐玉高等（1999） | 通过计量分析的方法,对不同国家的经济发展、碳排放和经济演化的关系进行分析,认为人均碳排放与人均 GDP 之间没有明显的库兹涅茨环境曲线的关系,人均碳排放量增加的主要来源是人口增长和人均 GDP 的增加,GDP 消费强度的下降是碳排放减少的重要来源之一② |
| 对碳排放与进出口贸易关系的研究 | 赵欣和齐中英等（2008） | 研究了 1995—2006 年中国进出口商品中隐性能源和 $CO_2$ 的排放量,对中国的 $CO_2$ 排放量增长与国际贸易增长的相关性进行分析,结果显示:生产出口商品是中国温室气体的主要来源之一③ |
| | 李丽平等（2008） | 从贸易的视角认为贸易导致了"碳泄漏",贸易顺差导致了温室气体的排放量增多,我国在进行国际贸易时要正视贸易中的"碳泄漏",在国际谈判中要重新界定温室气体的排放责任,减少不该承担的责任、义务等④ |
| 碳排放与能源（结构）演进等方面的关系研究 | 王雪娜、戴彦德和朱跃中（2006） | 王雪娜等人对碳源进行分类,估算碳源排放量现状,并应用估算模型对能源类、工业类、土地利用相关碳源排放进行模型估算,并针对问题,提出了对策建议:要充分利用二氧化碳的应用领域和前景,注重社会效益、经济效益和生态效益的三者结合⑤。<br>戴彦德和朱跃中应用情景分析法分析经济发展与温室气体排放的关系,文章分为了基准情景、节能情景、低碳情景、强化低碳情景,并分析了人口、GDP、人均 GDP、产业结构、城市化率等影响因素的作用,并针对问题提出了合理消费、优化供应结构、加快技术研发和创新、建设低碳高效的能源工业的建议⑥ |

①　张雷. 经济发展对碳排放的影响[J]. 地理学报,2003(4).

②　徐玉高,郭元,吴宗鑫. 经济发展,碳排放和经济演化[J]. 环境科学进展,1999(2).

③　赵欣,齐中英. 中国国际贸易中的隐性能源和二氧化碳排放研究[A]. 中国环境科学学会（2008 年学术年会论文集）,2008.

④　李丽平,任勇,田春秀. 国际贸易视角下的中国碳排放责任分析[J]. 环境保护,2008(6).

⑤　王雪娜,顾凯平. 中国碳源排碳量估算办法研究现状[J]. 环境科学与管理,2006(4).

⑥　戴彦德,朱跃中等. 中国 2050 年低碳发展之路[J]. 经济研究参考,2010(26).

续表

| 主要研究领域 | 学者 | 主要观点 |
|---|---|---|
| 对碳排放实施机制的研究 | 朱庆华、王旭东等（2003） | 主要分析清洁发展机制（CDM）的内涵,发展目标,分析CDM机制与外资的关系,参与CDM的资格条件、流程等,中国利用CDM未来潜力,分析认为:普遍认为清洁发展机制有助于企业拓宽思路,增加利用外资的渠道,有助于引进国外先进技术,产生可观的经济效益和环境效益,实现可持续发展① |
| 对碳排放利益关系的涉及 | 李海涛等（2007） | 利用博弈论的相关理论,分析了京都协议书各利益集团利益斗争,分析了各国利益斗争根本内在的原因,并对新一轮的谈判提出了建议,提出了进行产业转型、制定碳减排计划、积极参与国际减排等建议② |
| 对碳排技术的研究 | 王蓓（2010） | 认为发展低碳技术源于发展低碳经济,但是技术的飞跃发展将导致社会、经济发展模式发生巨变,发展低碳技术要考虑技术创新等,针对我国发展低碳技术存在的科技投入不足、缺乏激励机制等提出了相应的对策建议③ |
| | 付允等（2008） | 认为碳中和技术是发展低碳的方法:具体包含了温室气体的捕集技术;温室气体的埋存技术;低碳或零碳新能源技术④ |
| | 肖莹等（2010） | 认为低碳技术是指所有能够获取低碳经济的技术手段,包括节能低碳技术、可再生和新能源技术、减排低碳技术、碳捕获和封存技术等⑤ |

① 朱庆华,王旭东.清洁发展机制利用外资的新模式[J].烟台大学学报 哲学社会科学版,2003(4).

② 李海涛等.国际碳减排活动中的利益博弈和中国策略的思考[J].中国人口·资源与环境,2006(5).

③ 王蓓.低碳技术:发展低碳经济的关键[J].资源环境,2011(3).

④ 付允.低碳经济的发展模式研究[J].中国人口·资源与环境,2008(3).

⑤ 肖莹.低碳经济与低碳技术[J].西安文理学院学报:自然科学版,2010(4).

| 主要研究领域 | 学者 | 主要观点 |
|---|---|---|
| 发展低碳经济途径 | 潘家华(2007) | 认为除了依靠提高能源效率、开发利用可再生能源、引导消费者行为,还要依靠发展低碳技术和国际贸易来发展低碳经济① |
| | 鲍健强(2008) | 认为发展低碳经济有以下的途径:一是调整产业结构,发展具有低碳特征产业,限制高碳产业的市场准入;二、发展低碳生态有机农业,发展低碳工业;三是建设低碳城市,优化城市布局,建立城市公共交通系统;四扩大碳汇,如:植树造林、生物固碳通过多方面、多层次促进我国低碳经济发展的路径② |
| | 谢军安、郝东恒、谢雯(2008) | 认为发展低碳经济应该结合中国的实际情况,构建起发展低碳经济的社会体系,通过开发新能源,发展可再生能源,推进节能减排,注重低碳技术的创新和突破,通过这些来应对目前的危机③ |
| | 韩雪梅、刘欢欢(2009) | 认为西部发展低碳经济有潜在优势——减排空间大,减排成本低,减排技术合作潜力大,因此西部要大力发展低碳经济,通过降低煤的使用比例、提高能源利用效率、充分发挥碳汇潜力、积极参与国际减排等方式④ |
| | 任奔、凌芳(2009) | 认为发展低碳经济可应对气候危机,可实现经济社会的可持续发展,论文在借鉴国外发展低碳经济的成功经验的基础上,提出了中国发展低碳经济的相应措施——建立完善的低碳政策、推动节能低碳技术发展,建立低碳实验园区等等⑤ |

① 潘家华.中国低碳化转型的政策选择[J].绿叶,2009(5).
② 鲍健强.低碳经济:人类经济发展方式的新变革[J].中国工业济经济,2008(4).
③ 谢军安,郝东恒,谢雯.我国发展低碳经济的思路与对策[J].当代经济管理,2008(12).
④ 韩雪梅,刘欢欢.我国生态消耗与经济发展的动态比较研究[J].兰州大学学报,2009(3).
⑤ 任奔,凌芳.国际低碳经济发展经验与启示[J].上海节能,2009(4).

| 主要研究领域 | 学者 | 主要观点 |
|---|---|---|
| 发展低碳经济途径 | 孟德凯(2007) | 认为我国发展低碳经济是符合我国当前和长远利益,是经济与社会发展的必然要求。发展低碳经济主要着手于三个方面:(1)从清洁能源机制着手,清洁能源机制可促进经济快速增长,又避免陷入技术和资金的锁定效应;(2)提高能源的利用效率和发展可再生能源,促进能源结构多元化;(3)增加碳汇,这三个方面着手能有效促进我国的低碳经济的发展① |
| | 付允、马永欢、刘怡君、牛文元(2008) | 认为我国发展低碳经济要从宏观、中观、微观发展低碳经济发展模式,得出我国发展低碳经济要从节约能源,化石能源低碳化,激励低碳技术研发,建立我国碳排放的交易市场等方面着手② |
| | 宋德勇、卢忠宝(2009) | 通过两阶段迪氏因素分解法对我国能源消费相关的 $CO_2$ 排放的相关因素进行了较为完整的分析,认为从我国发展的四个阶段的经济增长方式的差异是碳排放波动的主要原因,因此提出了切实转变经济增长方式是有效控制和减少碳排放的主要途径③ |
| 关于碳排放权分配问题 | 王伟中(2002)潘家华(2003)陈文颖、吴宗鑫(2005) | 主要的观点是,认为大气中的温室气体的排放应当遵循人均排放权的分配原则和效益原则,发达国家排放温室气体的水平不仅仅要考虑当前还要考虑历史的水平,我国应当坚持人均排放的原则,保障发展中国家的基本权益④ |
| | 何建坤、刘滨(2004) | 碳排放权分配坚持"一种产权、两次分配",考虑到发达国家和发展中国家的历史和现实的碳排放水平的差距。碳排放权分配必须首先坚持公平为主的原则,在公平原则和碳排放产权界定明晰的基础上,各个国家可以通过碳排放的交易市场进行碳排放的二次分析,实现资源的优化配置⑤ |

① 孟德凯. 关于我国低碳经济发展的若干思考[J]. 综合管理,2007(9).

② 付允等. 低碳经济的发展模式研究[J]. 中国人口·资源与环境,2008(3).

③ 朱德勇,卢忠宝. 中国碳排放影响因素分解及其周期性波动研究[J]. 中国人口·资源与环境,2009(3).

④ 王伟中等.《京都议定书》和碳排放权分配问题[J]. 清华大学学报,2002(6).

⑤ 何建坤. 全球长期减排目标与碳排放权分配原则[J]. 气候变化研究进展,2009(6).

续表

| 主要研究领域 | 学者 | 主要观点 |
|---|---|---|
| 低碳经济评价问题 | 庄贵阳(2010) | 庄贵阳认为低碳经济评价的主要内容是发展阶段(表征产业结构的调整、人均收入变化,城镇化等)、低碳技术(表征能耗、重点行业碳排放水平等),消费模式(表征不同消费的理念、消费方式、生活质量碳排放),低碳资源指标(森林等碳汇资源、化石能源资源、可再生资源、清洁能源、人力资源、人才素质提高等)、低碳政策指标(表征政府对低碳发展的重视度以及政策执行力度等)① |
| | 刘嵘等 2009 | 认为低碳经济发展是复杂的,涉及多方的系统工程。需要建立合理、实用方便的评价指标体系,以便于为低碳经济的发展提供管理和决策的数据支持。最终设立了指标涉及社会、经济、生态环境、低碳技术、低碳生活② |
| | 任福兵 吴青芳 郭强(2009) | 认为低碳经济指标体系分为目标层、准则层和指标层三个层次。第一层为目标层——低碳经济社会发展水平;第二层次为准则层,选择了八个方面——能源利用结构、产业经济、科学技术、农业发展、建筑、交通、消费方式和政策法规八个方面;第三层次是依据上述八个方面核心要素设立52个评价终极指标,建立了三层次多指标的低碳经济评价指标体系,利用德尔斐法确定各层次相关指标的权重,综合评价低碳经济的发展水平③ |
| | 朱有文 周少华 袁男优(2009) | 认为对低碳经济评价应采用多指标的综合评价,多角度、不同侧面综合反映其整体状况,设立三个层次,第一层次是低碳经济综合评价;第二层次分为五个方面——碳排放、碳汇建设、碳源控制、碳交易与合作、低碳产业;第三个层次是基于第二层次所选择的下属13个指标,利用层次分析法,判断指标权重,加权求和得出低碳经济发展整体状况④ |

①　付加锋,庄贵阳,高庆先. 低碳经济的概念辨识及评价指标体系构建[J]. 中国人口·资源与环境,2010(8).

②　刘嵘. 低碳经济评价指标体系及实证研究[J]. 经济论坛,2010(5).

③　任福兵,吴青芳,郭强. 低碳社会评价指标体系构建[J]. 江淮论坛,2010(1).

④　朱有志,周少华,袁男优. 发展低碳经济 应对气候变化——低碳经济及其评价指标[J]. 中国国情国力,2009(12).

| 主要研究领域 | 学者 | 主要观点 |
|---|---|---|
| 低碳经济支撑研究 | 罗小民（2010） | 罗小民认为发展低碳经济需要法律支撑 |
| | 杨鹏（2010） | 杨鹏认为发展低碳经济需建立研究支撑体系、产业支撑体系等 |
| | 梅林海、叶丽娟（2010）周喆 2010 | 认为发展低碳经济需要建立绿色金融体系 |

目前,国内低碳经济研究重点主要是低碳经济的必要性和现实意义、发展的途径、发展低碳经济的指标研究、碳排放权分配、贸易中的隐性碳、碳排放利益关系的涉及等,这些研究成果构成了低碳经济研究的理论基础,促进了低碳经济的发展。但是,仍然有许多问题亟待研究和探讨:(1)基础理论研究需要进一步深化,需要界定低碳经济的定义、内涵,梳理低碳经济与其他经济的关系、观点;明晰关系、观点,否则将影响政府、公众、企业的认识和行为,甚至导致某些政府不能做出适当的低碳经济发展政策;(2)低碳经济与经济发展之间的关系需要深入地进行研究,进一步研究发展低碳经济的技术、融资、市场、政策法律法规,这些是构成低碳经济支撑体系的要素,但是目前对发展低碳经济的支撑体系研究相对缺乏,尚未构建起发展低碳经济的支撑体系。基于此,论文探讨发展低碳经济的支撑体系研究。

### 三、主要研究方法

论文采用了比较分析法、理论分析与实证分析相结合、定性分析与定量分析相结合、动态分析与静态分析相结合等研究方法,对我国发展低碳经济支撑体系进行系统分析。

（1）定性分析法。论文通过分析国内外发展低碳经济的具体实践、措施,总结出发展低碳经济的支撑要素,建立核心支撑体系和外围支撑体系,分析核心支撑要素——技术、产业、经济政策对低碳经济的支撑机理、效用、发展中存在的问题,并提出相应的对策建议。

(2)比较分析法。比较方法是用来确定认识对象之间相异点和相同点的逻辑思维方法。文章分析比较低碳经济、高碳经济的定义、内涵、发展速度、发展的模式、对应文明等方面的差异等。

(3)动态分析法。论文应用灰色关联法,对我国近十年来的减碳产业,进行能耗与经济增长的动态分析,认为减碳产业未来的发展方向是低碳农业和新兴服务业。同时,发展工业要注重工业内部结构的优化升级。

(4)定量分析法。论文认为发展低碳经济是系统的工程,评价低碳经济指标是多层次、多目标的,论文构建了低碳经济评价指标体系,将指标体系分为准则层、目标层、指标层,并在此基础上应用主成分等方法评价省区、市域的低碳经济发展水平,并针对计算结果,提出发展的对策建议。

**四、文章的框架**

全文共分八章,按照总分总的结构进行布局,其中导论、第一、二、三章为总论,第四、五、六章为分论,第七章为总论,第八章为未来研究方向。

导论:阐明选题背景、意义、现实价值。首先,对国外和国内低碳经济研究成果进行梳理,对国内外学者对低碳经济发展研究领域及其内容进行简要的回顾,总结了学术界关于低碳经济理论观点,并对国内外低碳经济研究现状进行简单评述;其次,介绍了论文的研究思路与研究方法,并提出了本文的框架与结构;最后,指出了本选题可能的创新之处及存在的问题。

第一章:概念界定、基础理论。论文在深入剖析低碳经济内涵的基础上,界定了低碳经济、低碳经济支撑体系的概念。指出低碳经济是以低能耗、低污染、低排放为基础的绿色经济,即在发展中排放最少的温室气体,同时获得整个社会最大的产出①。低碳经济的发展涉及技术、产业、能源、制度、生产观和消费观等,发展低碳经济需要建立起相应的支撑体系。低碳经济支撑体系是一组能促进低碳经济发展的系统,缓解气候变暖、环境污染和资源约束等压力,实现经济效益提高、环境污染降低、资源能源利用效率提高、人民生活水平改善的目的。

第二章:国内外发展低碳经济现状分析。论文分析了国内外发展低碳经济的成功经验和实践,在此基础上提出了发展低碳经济的支撑要素:产业支撑、技术支撑、宣传教育支撑、法律法规支撑、经济政策支撑、评估支撑,并阐述了六大支撑要素支撑低碳经济的机理。

第三章:低碳经济支撑体系分析。论文认为产业是发展低碳经济的核心支撑,技术为促进产业的内生驱动,经济政策为发展产业和技术的外在动力。因此,论文建立了以产业为中心,技术为内生驱动,经济政策为外在动力的核心支撑体系,并详细阐述了三者之间的关系。

第四章:我国低碳经济的产业支撑。论文根据产业在生产或者使用过程中能否减碳,将产业分为减碳产业、无碳产业、去碳产业。在减碳产业的分析中,使用灰色关联法分析减碳产业的能耗,并进行国家之间减碳产业的能耗比较、减碳产业内部能耗比较和关联度分析,得出:我国的经济增长过度依赖于能源消费,能源利用效率低下;我国减碳产业的能源消费结构不合理,第二产业消费比重过高,进而指出了减碳产业未来的发展方向:加快发展低碳农业,加快发展文化、创意、动漫设计、信息服务、金融等高端服务业,在工业中优先发展高技术、高效益、低污染、低能耗"两高两低"产业。在无碳产业的分析中,着重分析了新能源产业发展效应和发展现状,认为新能源产业发展存在着缺乏整体规划、市场机制不健全、缺少自主创新技术、新能源产业

---

① 孙伯伦. 自动化跨入低碳经济时代[J]. 现代制造,2009(42).

发展不均衡等问题,提出了发展新能源产业应该优化发展、均衡发展和高端发展等建议。在去碳产业的分析中,重点分析了森林碳汇产业,使用森林蓄积量扩展法分析森林碳汇现状并保守预测未来发展潜力,认为我国森林碳汇发展潜力巨大,经济价值较高。

第五章:我国低碳经济的技术支撑。论文根据科技部对低碳经济的分类,将技术分为减碳技术、无碳技术、去碳技术,详细分析了去碳、无碳、减碳技术作用的领域及其机理,并针对技术发展存在的问题,提出了加强能源技术创新、加强国际合作、创造良好的市场氛围、搭建起技术转让的国际平台等建议。

第六章:我国低碳经济的经济政策支撑。论文选择了财政政策、金融政策、产业政策为发展低碳经济的宏观政策环境,分析了低碳经济宏观政策环境对低碳经济作用机理,评价目前的低碳经济经济政策实施效应。针对财政政策,提出了要建立低碳财政预算、加大财政补贴力度、完善政府财政制度的建议;针对金融政策,根据碳金融未来发展方向,提出了要构建多元参与体系,建立金融交易体系等建议;针对低碳经济产业政策,提出了要理性发展新能源产业、着力培育中小企业、科学引导低碳经济园区建设、加大科技扶持力度等建议。

第七章:我国发展低碳经济保障措施。论文为了保障低碳经济健康发展,制定了相应的保障措施,包括完善能源法规、制定和完善能效标准、加强能效标准的执行、参与气候变化的国际谈判和低碳规则制定、推广和完善能源价格形成机制、改进能源统计体系,逐步引入碳排放统计等措施。

第八章:低碳经济评价体系研究。论文在对国外低碳经济评价内容和评价方法进行梳理后,尝试采用模糊层次分析法、主成分分析法对省区低碳经济、市域低碳经济发展水平进行评价,并在未来的研究中进一步加强。

论文的结构框架图如表0-1所示:

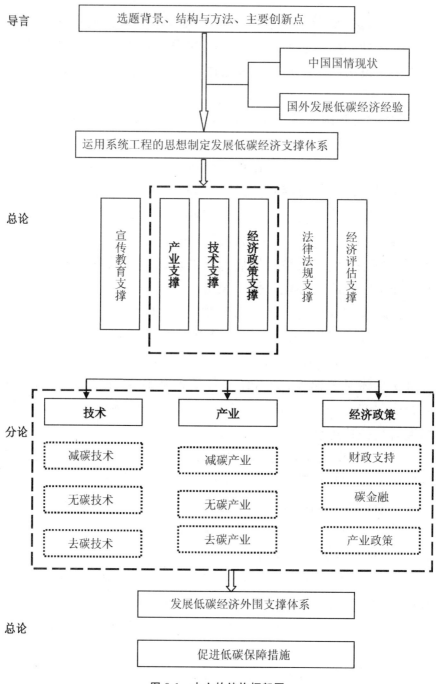

图 0-1　本文的结构框架图

### 五、主要创新点

论文以可持续发展理论,人口、资源与环境经济学理论,政策科学等理论为基础,力求对发展低碳经济支撑体系进行系统的研究,试图在以下几个方面有所创新。

第一,论文探索性地构建了发展低碳经济的支撑体系,并分析其作用机理。认为低碳经济支撑体系是一组能促进低碳经济发展的系统,具有缓解气候变暖、环境污染和资源约束等压力的功能,能实现经济效益提高、资源能源利用效率提高、人民生活水平改善的目的。该体系包括核心支撑和外围支撑两部分,核心支撑是以产业为中心、以技术为内在驱动、以经济政策为外生动力;外围支撑是以政府引导为主的法律法规体系,民众广泛参与的宣传教育体系,科研机构等研究的低碳经济评价体系。核心支撑和外围支撑形成合力,有效推动低碳经济发展。

第二,论文从低碳经济的视角,依据产业在生产或者使用过程中能否减碳,将产业划分为减碳产业、无碳产业和去碳产业。论文认为,减碳产业是在生产的过程中消耗能源、排放温室气体的产业,包括农业、工业、交通运输业等部门;无碳产业是指使用的过程中无需消耗能源、不产生温室气体的产业,在论文中主要指新能源产业;去碳产业是指能有效地减少温室气体的产业,在本文中主要是森林碳汇产业,并分别进行了减碳产业的能耗评价、无碳产业的效应分析、去碳产业的未来潜力分析等,指出了产业未来发展方向或者调整方向。

第三,论文应用灰色关联法,对减碳产业进行能耗与经济增长的关联度分析,认为交通运输仓储业和商贸餐饮业能耗小,且能耗与经济增长关联度大,而工业和建筑业能耗高,但是能耗与经济增长关联度小,因此发展交通运输仓储业和商贸餐饮业的低碳效益更高。论文从降低能耗的角度提出了改造运输仓储业和商贸餐饮业的建议:①发展多式连运,构建立体、综合、节约型的交通体系;②发展连锁经营、网络交易等服务形式,改造传统贸易方式;③改善餐饮业的配套设施和服务设施,注重清洁生产,提升餐饮服务质量。

第四,论文应用实证分析法,对新能源产业进行了经济效益、环境效益、能源安全效应分析,指出由于缺乏整体规划,存在技术瓶颈等原因,导致新能源产业发展出现了产业发展层次低、投资不均衡、城乡不均衡的问题,建议新能源产业要高端发展、均衡发展、优化发展。

第五,论文应用模糊层次法尝试评价了省区低碳经济发展水平。通过分析低碳经济的内涵,建立了目标层、准则层、指标层,构建了省区低碳经济的评价指标体系。提出了省区低碳经济的标准:设定综合指数处于(80~100)为低碳阶段,处于(60~80)为中碳阶段,处于(0~60)为高碳阶段,并根据各个准则层的得分,分析省区在低碳经济发展中存在的问题,提出对策建议。并以四川省为例,应用模糊层次法进行验证。

第六,论文探索性地构建了城市发展低碳经济的评价标准,通过对经济、社会、技术、环境四大系统的分析,应用模糊层次分析法赋予四大系统权重,应用主成分分析法筛选出四大系统主要的指标。文章提出了城市发展低碳经济的标准,设定综合指数大于 1.165 为低碳经济,介于(0.875~1.165)间为中碳经济、小于0.875 为高碳经济,根据划分的标准,分析直辖市的低碳经济发展状况,并针对问题,提出了相应的对策建议。

论文对低碳经济支撑体系的研究只是进行了一些初步和粗浅的探讨,还存在许多的不足,学生在今后的研究中将进一步地研究低碳经济支撑体系,对低碳经济支撑体系的区域实现进行更为深入的研究。

# 第一章　概念界定、基础理论

2009 年哥本哈根气候大会结束以后,低碳经济再次成为全世界议论的焦点,在对低碳经济相关文献梳理、学习、研究的基础上,分析低碳经济的定义、辨析低碳经济与高碳经济的联系与区别,并对低碳经济产生的理论基础进行归纳。

## 第一节　低碳经济界定和辨析

英国率先于 2003 年提出了低碳经济这一新概念,并着力发展低碳经济,将实现低碳经济作为英国能源战略的首要目标[①],明确了发展低碳经济的时间表以及分阶段的发展目标,即 2020 年的目标是英国二氧化碳的排放量消减 26%～32%;2050 年的目标是英国二氧化碳的排放量消减 60%[②]。但是英国尚未对低碳经济定义加以界定和辨析,尚未区分低碳经济与传统经济或者是高碳经济的差异,理论界给予低碳经济众多的定义,论文在梳理低碳经济的研究成果后,界定了低碳经济定义,并对低碳经济与高碳经济进行了区别。

### 一、低碳经济相关范畴界定和辨析

(一)低碳经济界定

"低碳经济"最早出现在政府文件——英国能源白皮书《我们

---

① 　任力. 国外发展低碳经济的政策及启示[J]. 发展研究,2009(2).
② 　陈柳钦. 低碳经济发展的国际动向[J]. 郑州航空工业管理学院学报,2010(3).

能源的未来：创建低碳经济》[①]。作为第一次工业革命的先驱和资源不丰富的岛国，英国充分认识到能源危机和气候环境危机，提出了要发展低碳经济[②]。英国白皮书对低碳经济的解释是：通过较少或者更少的自然资源消耗和环境污染代价，获得更多的经济产出，同时还能获取更高的生活标准和更高的生活质量的有效途径，[③]随着对低碳经济认识的加深，低碳经济内涵不断的完善和丰富[④]。

论文认为低碳经济是以三低——低污染、低能耗、低排放为基础的经济模式，其实质是能源的高效利用和能源的结构优化问题，其核心在于能源技术的发展和减排技术的发展创新、产业结构的优化，制度的创新以及生活、生存发展观念等根本性的转变[⑤]。目的是为了应对气候恶化，减缓气候变暖，实现经济、社会与环境的可持续发展。

发展低碳经济是系统、复杂的工程，涉及产业、经济、环境、社会等各个方面。首先低碳经济是新型产业体，涵盖碳减排、碳吸收过程相关的整个产业链条，低碳产业体系实质是改变原先依赖于煤炭、石油等高碳资源的产业，向依赖于新型能源、低碳化处理后的化石能源产业或者不耗能的产业转型[⑥]；发展低碳经济强调发展新型的经济结构，强调发展低碳强度产业，尤其要发展现代服务业、碳汇产业；低碳经济是环境问题，在发展中减少温室气体排放，减少环境污染，以实现生态环境的改善；低碳经济是社会运行方式的变革，在发展中，通过低碳理念引导生活方式、消费习惯的变化，减少交通、居住能耗的碳排放，并以相应的低碳制度作

---

① 孙柏林．中国自动化与可持续发展—自动化技术进入"低碳经济"新时代[J]．自动化博览，2010(1)．

② 柯健．低碳经济：中国经济发展方式转变的必然选择[J]．理论研究，2010(33)．

③ 靳俊喜，雷攀，韩玮，袁桂林．低碳经济理论与实践研究综述[J]．西部论坛，2010(4)．

④ 尹希果，霍婷．国外低碳经济研究综述[J]．中国人口•资源与环境，2010(9)．

⑤ 刘红芳．关于发展低碳经济的思考[J]．价值工程，2010(4)．

⑥ 郝寿义，蒋宁，王利，尚晓昆．低碳经济发展与税收、财政、金融的绿色导向改革[N]．中国改革论坛，2010-10-27．

为约束和指导[①]。

(二)低碳经济与高碳经济辨析

低碳经济一方面要求在生产、生活、流通、消费等过程中,积极开发和使用可再生能源等非化石燃料、能源的使用减少化石能源的使用[②];另一方面要求对二氧化碳等温室气体的排放实行管制,促使温室气体排放量降低到最低程度,进而防止地球变暖的一种可持续的经济模式[③]。低碳经济显著的特征是低污染、低能耗、低排放。在发展中,逐步改变能源消费结构,减少化石能源和碳素能源使用,开发使用新能源;在发展中注重经济增长的质量,追求可持续、可循环的发展方式,低碳经济的增长速度是可放慢的,同时低碳经济的消费模式是注重健康、简朴、可持续的。

高碳经济是工业革命以来形成的,在人类生产、流通和消费的一系列社会活动中,无限制地使用化石燃料,无限制的排放二氧化碳等温室气体,从而导致地球变暖的经济模式[④]。高碳经济的显著特征是高污染、高能耗、高排放的经济模式。在发展中只注重经济增长的数量,经济增长的速度是不计成本的,主要消耗的能源是化石和碳素燃料,消费模式是享受、奢侈、不可持续的消费。

高碳经济和低碳经济的发展区别:高碳经济在经济发展中只注重 GDP 增长,目的只是为了经济的增长,而低碳经济在发展中注重能源的高效使用,注重清洁能源的开发、追求绿色 GDP[⑤],目的是为了应对气候恶化,解决因生产、生活等过程中排放的温室气体,尤其是二氧化碳气体,而引发的地球生态圈碳失衡;高碳经济在生产、流通、消费的过程中所形成的高能耗、高污染、高排放

---

① 郝寿义,蒋宁,王利,尚晓昆. 低碳经济发展与税收、财政、金融的绿色导向改革[N]. 中国改革论坛,2010—10—27.

② 余丽生等. 基于国际比较视角透析我国低碳经济发展取向[J]. 地方财政研究,2010(6).

③ 蔡林海. 低碳经济大格局[M]. 北京:经济科学出版社,2009.

④ 同上.

⑤ 莫神星. 如何构建长三角节能减排合作互动机制[J]. 中国经济报告,2009(1).

的经济模式,而低碳经济在生产、流通、消费的过程中因制度的约束、观念的转变、产业结构的优化、法律法规约束等改变以往的生产和消费模式,是低能耗、低污染、低排放经济发展模式。高碳经济和低碳经济的区别如表 1-1 所示:

表 1-1　高碳经济和低碳经济对比表[①]

| 经济模式 | 低碳经济 | 高碳经济 |
|---|---|---|
| 特征 | 低污染、低能耗、低污染 | 高污染、高能耗、高污染 |
| 增长特色 | 注重经济增长质量 | 注重经济增长数量 |
| 主要消耗能源 | 清洁能源、可再生能源 | 化石能源、碳素燃料 |
| 增长速度 | 放慢速度,追求增长可持续 | 不计成本的快速增长 |
| 消费模式 | 健康、简朴、可持续 | 奢侈、注重享受、不可持续 |
| 对应文明 | 生态文明 | 工业文明 |

## 二、支撑体系

《现代汉语词典》对"支撑"有三种解释:一是抵抗压力使其免于坍塌,二是勉强维持,三是抵挡、招架[②]。在经济学中的支撑不是指勉强维持或者是抵挡、招架,而是着重强调"抵抗压力"。

体系是一个科学术语,泛指一定范围内或同类的事物按照一定的秩序和内部联系组合而成的整体,是不同要素组成的系统。[③]

支撑体系就是一组能发挥子系统功能、抵抗某种压力、实现相关领域的突破的组合。

低碳经济支撑体系就是一组能发挥促进低碳经济发展的系统,该系统能够缓解气候变暖、环境污染和资源约束等压力,实现经济效益提高、资源能源利用效率提高、人民生活水平改善的目的。

高碳经济的支撑体系是一组能发挥促进经济增长的系统,该

---

① 蔡林海. 低碳经济大格局[M]. 北京:经济科学出版社,2009.

② 百度百科[EB/OL]:http://baike. baidu. com/view/555748. htm#sub555748.

③ 百度百科[EB/OL]:http://baike. baidu. com/view/390091. htm#sub390091

系统能应对贫穷、落后等压力,实现经济快速增长、人民生活水平改善的组合。

# 第二节　低碳经济理论基础

低碳经济与气候危机、能源危机、发展危机联系紧密,是人类经济、社会发展方式的一次重大变革。在理论体系上,体现出了多学科、多领域思想的融合。论文通过对现有理论进行系统整理,认为发展低碳经济基础理论有以下四种。

## 一、可持续发展理论

布伦特兰夫人在 1987 年的世界环境与发展委员会《我们共同的未来》中正式提出了可持续发展这一理念,标志着可持续发展理论的正式诞生[①]。可持续发展指既满足当代人的需求,又不损害后代人满足需求的能力,是科学发展观的基本要求之一[②]。可持续发展的定义简短,但是所包含的内容丰富,至少包含三个基本点:①发展性:人类的发展是要满足全人类的需要;②可持续性:强调人的生产、生活、消费等行为要受到自然界的约束,发展在自然界可承受的范围内;③公平性:代际之间,不同的国家、不同的区域发展要公平[③]。在上述的内涵中可认为可持续发展包含着经济的可持续发展、社会的可持续发展、资源环境的可持续发展、全球的可持续发展。可持续发展理论在发展的过程中注重生态和谐,追求社会的公平,注重经济效率提高,最终达到人的全面发展,可持续发展方式作为新的发展方式,体现在经济生活和社会生活中,体现在资源利用和环境保护等领域。发展低碳经济的目的是为了实现经济、社会、自然与人的协调、可持续发展,低碳

---

① 百度百科[EB/OL]:http://baike.baidu.com/view/18480.htm#sub18480
② 王晨. 低碳经济的内涵及理论基础浅析[J]. 理论与实践,2010(6).
③ 杨成湘. 可持续发展中的公平性原则研究[D]. 中共中央党校,2007.

经济发展的实质和核心都体现了可持续发展的思想①。因此,可持续发展理论是低碳经济理论的核心支撑理论。

## 二、排污权交易理论

排污权交易是 20 世纪 70 年代由约翰·戴尔斯提出的,排污权交易是一种基于市场的环境管理政策②。排污权交易的主要思想是:要建立合理的污染物排放权,该权利像商品一样能在市场上进行买卖出售,一般是以污染许可证的形式出现。它将环境资源承载力视为稀缺性资源,通过市场这只看不见的手进行优化配置③。在此过程中,政府要承担起一定的责任,要按照一定的原则确定特定区域资源环境承载能力,确定该区域污染排放物的最大量,通过颁发许可证对不同区域排放量进行分配,最后建立排污权交易市场,使得排放权能在市场上合理、自由的买卖。由于治理污染的成本不一,治理成本低的企业或者地区可以通过一定的措施减少污染物的排放,将剩余的排污权出售给治理成本较高的企业或者地区,以此获得经济收益④,也促使企业治理环境由被动变化为主动。《京都议定书》所规定的三种境外排放机制——联合履行、排放贸易以及清洁发展机制,能有效地促进全球的碳排放交易⑤。给予产权理论的排污权交易有助于减少环境的负外部性,减少碳排放,在一定程度上促进了低碳经济的发展。

## 三、环境库茨涅茨曲线

环境库茨涅茨曲线是 1995 年由格鲁斯曼和克鲁格提出的,其含义是:沿着一个国家的发展轨迹,尤其是在工业化起飞阶段,一定会出现一定程度的环境恶化,在人均收入水平达到一定程度

① 王晨. 低碳经济的内涵及理论基础浅析[J]. 理论与实践,2010(6).
② 龚丽肖. 对我国排污权交易制度的探讨[J]. 经济论坛,2008(13).
③ 冯颖. 关于"排污权交易"的思考[J]. 天津科技,2009(4).
④ 崔景华. 促进我国排污权交易的财税政策探讨[J]. 财经问题研究,2007(4).
⑤ 孙丽萍. 国际排放贸易的发展趋势及其对中国经济的影响效应分析[D]. 中国海洋大学,2009.

后,经济发展会有利于环境质量的改善。通过对人均收入水平和环境污染指标之间的演变模拟,说明经济发展对环境程度的影响[1]。格鲁斯曼和克鲁格认为经济发展与环境压力有一定关系:经济发展对环境污染水平有很大的关系,有很强的影响,在经济发展过程中,生态环境会随着经济的增长,人均收入的增加而持续的恶化,只有人均国内生产总值达到一定水平后,环境污染反而会随着人均 GDP 的进一步提高而下降,人均收入和环境保护呈现出倒 U 的曲线关系[2]。由于我国目前处于城市化、工业化、现代化加速推进的阶段,经济发展速度快速增长,人口数量持续增加,加大了对资源能源的需求量,加剧了环境需求矛盾,如果延续以前的高碳的生产模式和消费模式,资源能源对经济、社会等发展的制约和束缚将日益紧张。低碳发展模式可以改变以往的生产方式、消费方式,导致观点提前出现最终促进可持续发展。

### 四、市场失灵理论

传统的市场失灵理论认为由于存在垄断、信息不对称、外部性等问题,使得市场难以完全解决资源配置的效率问题[3],难以实现资源配置效率最大化,因而产生了市场失灵[4]。采用政府干预的办法可以解决市场失灵,政府用管制、税收、补贴等手段解决市场失灵的问题。在发展低碳经济的过程中,政府制定严格的产品能耗效率标准,逐步淘汰高耗能、高污染的产品,以此降低能耗污染;在低碳发展中可通过征收碳排放税和碳税来减少碳排放;政府通过补贴手段激励研发机构研发低碳相关技术,促进企业使用低碳设备、工艺、流程、技术等,生产低碳产品,利用税收鼓励消费者使用低碳消费品,以此促进低碳经济的发展。

---

① 王晨. 低碳经济的内涵及理论基础浅析[J]. 理论与实践,2010(6).

② 冯之浚,周荣. 低碳经济中国实现绿色发展的根本途径[J]. 中国人口·资源与环境,2010(4).

③ 孙晶. 政府在我国产业投资基金发展中的作用研究[D]. 天津财经大学,2008.

④ 常春风. 政府干预经济的调控边界[J]. 经济论坛,2006(9).

# 第二章 国内外发展低碳经济的现状分析

　　低碳经济与世界经济发展紧密地联系在一起,低碳经济改变着世界经济受资源、环境约束的现状,又催生了经济的增长点,特别在后金融危机时代,低碳经济成为推动经济复苏的强大力量[①]。根据联合国环境发展署的统计数据表明,目前在全球范围内,与环保有关的产品和服务市值已经达到1.3万亿美元[②];低碳经济改变了生产方式:农业降低了对化肥、农药的依赖,呈现出生态、有机、高效的特征;工业将减少能源消耗、降低环境污染,呈现出低能耗、低污染、低排放的特征;服务业在发展中的比重将逐步加大,尤其是碳交易、碳金融的出现,产生了专门从事碳交易的交易所和碳排放信用之类的环保衍生品。低碳经济已经与世界经济的发展紧密联系在一起。

## 第一节 英国发展低碳经济的借鉴

　　英国历来重视能源问题,是最早提出发展低碳经济的国家。英国制定了促进低碳经济发展的法律法规,重视技术研发等,通过采取系列措施,发展低碳经济。

### 一、英国发展低碳经济的背景

　　英国发展低碳经济有其特定的背景:环境气候危机。英国作为一个狭小的岛国,由于温室气体的大量排放,导致了气候变暖,进而导致了海平面不断上升,海平面不断上升侵蚀小岛国十分有限的

---

　　① 王可达.我国发展低碳经济的路径探讨[J].岭南学刊,2010(3)
　　② 中国经济新闻网.世界走向低碳经济[EB/OL].http://news.qq.com/a/20091201/002594.htm,2009—11—24.

居住区域;气候变暖也带来了生物多样性变化等问题,环境气候危机对英国的影响相对更大。因此,地理和环境条件决定了英国必须采取积极、主动的措施推动国际间合作,解决气候变化问题。

能源危机。英国在历史上由于拥有北海油田,一度成为石油输出国。1999 年,英国创下原油日产量的最高纪录——295 万桶[①],此后石油产量便开始走下坡路。2000 年,英国本土的石油产量下降了 8.1%,之后平均每年以 7.6% 的速度下降,[②]石油产量的下降主要是源于石油资源有限而开采过度。2006 年,英国北海油田已经接近枯竭,英国已经由石油的净出口国变为石油的净进口国[③];英国的另一个能源供应主体——天然气出现接近枯竭的现象,到 2020 年,英国总体基础能源需求的 80% 左右都将依赖于国外的进口能源[④]。由于英国逐渐由能源输出国变为能源输入国,世界其他地区的政治局势的不稳定或者政治冲突将可能导致英国的能源价格更易波动,甚至造成能源供应中断[⑤]。因此,英国处于自身利益考虑,必须要发展低碳经济,发展可再生能源,减少能耗污染,提高能源安全保障。

金融危机。英国政府自全球性的金融危机以来,为了促使经济快速复苏,采取了一系列措施:如向银行大规模注资、出台提振制造业战略等刺激经济复苏的政策[⑥],英国经济近来出现了一些好转迹象。但是,由于全球经济不景气,英国经济复苏不如预期,英国失业人数继续攀升。此外,国际金融危机造成的企业、私人贷款、房屋按揭拖欠,导致英国金融业巨额坏账,2009—2010 年,英国政府财政净债务已经高达 2000 亿英镑,英国政府的债务因此连续多年超过国民生产总值的 40%,英国的经济复苏过程将是

①　生意社.英国石油状况简介[EB/OL].http://china.toocle.com,2011−03−25.
②　鲍健强等.从创建低碳经济到应对能源挑战——解读英国能源政策的变化与特点[J].浙江工业大学学报(社会科学版),2009(2).
③　马卫华等.英国石油天然气监管法律制度探析[J].华北电力大学学报:社会科学版,2008(6).
④　谢文捷.世界能源安全研究[D].中共中央党校,2006.
⑤　鲍健强等.从创建低碳经济到应对能源挑战——解读英国能源政策的变化与特点[J].浙江工业大学学报(社会科学版),2009(2).
⑥　王涛.英国:发展低碳经济 促进经济复苏[N].经济日报,2009−11−19.

长期、缓慢、曲折的[①]。英国所出台的刺激经济的方案要经过一段时间才能显现作用,而农业发展潜力有限,制造业的振兴要经过一段时间才有效果,为了进一步缓解金融危机,英国必须要着手打造新的经济增长点,尽快带动经济走出低谷,而以发展新能源为重要特征之一的低碳经济,不仅能缓解能源危机、环境气候危机,解决失业等问题,还将创造巨大的内需市场,吸引大量外来投资,刺激经济增长。英国的报告显示:英国绿色建筑产业可以创造 6.5 万个工作岗位,海上风能可带来约 7 万个工作岗位,[②]波浪能和潮汐能等海洋能源的发展可带来 1.6 万个岗位……。[③] 因此,发展低碳经济已成为未来英国经济复苏的重要突破口。

## 二、英国发展低碳经济的做法

英国在发展低碳经济的过程中,政府高度重视,把发展低碳经济置于国家战略高度,制定优惠政策,大力发展低碳技术、新能源等。

### (一)制定法律法规发展低碳经济

英国由于气候、环境、能源和金融危机提出了发展低碳经济,英国把发展低碳经济提升到国家战略高度,将发展低碳经济作为未来企业和国家竞争力的核心所在,并希望通过发展低碳经济重新恢复英国的国际地位[④]。为配合低碳经济战略发展,英国政府推出了系列具有开创性的法律法规和配套措施[⑤]。英国在 1997 年以应对气候变化为最优先的课题,开始制定《气候变化法案》,2002 年出台了再生能源义务令,以保证能源的供给,实现节能减排,促进可再生能源发展[⑥]。2008 年英国颁布、实施了"气候变化

---

① 王涛. 英国:发展低碳经济 促进经济复苏[N]. 经济日报,2009-11-19.

② 朱婧. 低碳就业新引擎农产品[J]. 市场周刊,2010(20).

③ 张锐. 卡梅伦政府:面临英国经济的四宗"最"[J]. 金融博览,2010(12).

④ 刘助仁. 低碳发展是全球一种新趋势[J]. 科学发展,2010(1).

⑤ 李琼. 英国发展低碳经济的经验[N]. 光明日报,2009-06-16.

⑥ 英国可再生能源义务许可证(ROC)制度对中国的启示[EB/OL]:http://cdb.serc.gov.cn/.

法案",成为世界上第一个为温室气体减排立法的国家。规定到2050 年达到减排 80％的目标,并成立了相应的能源和气候变化部①。2009 年公布的国家战略文件《英国低碳转换计划》,是英国"绿色能源"革命和应对气候变化的重要蓝图,涉及能源、工业、住房和交通等经济社会各个方面。为了保障低碳经济发展,英国出台了相应的配套方案:《英国可再生能源战略》《英国低碳工业战略》《低碳交通战略》和《低碳经济国家战略蓝图》等,通过制定较为完善的法律法规,保障低碳经济发展。

### (二)促进清洁能源发展

英国政府于 2003 年出台的能源白皮书中宣布在未来的几十年里,英国的能源政策将大力倾斜于清洁绿色能源、可再生能源方面,减少石油、煤炭等化石燃料的使用,英国重视发展清洁能源。

英国为了促进可再生能源发展,出台了可再生能源配额政策。规定所有注册电力供应商都必须要制约于一定的可再生能源法定配额,意味着生产的电力必须有一定的比例是来源于可再生能源的而且该配额是逐年增加的②。通过这项政策,英国鼓励更多的企业使用可再生能源,促进新能源产业的发展。英国是典型的岛国,发挥海岛国家的自然优势,注重发展海浪能,按照 2007年英国政府批准建立海浪发电站计划将建设世界上规模最大的海浪发电站,英国环保组织"碳基金"认为海浪能与潮汐能保守估计在 2020 年将至少占到英国总发电量的 3％③;在发展风能方面,英国将北海视为"未来之湾",希望通过北海发展风能,2008年英国政府确定在十年内建成 3300 万千瓦风力发电能力的目标,届时可向 2500 万户家庭供应电力④;2008 年 7 月英国又明确

---

① 陈柳钦. 低碳经济演进:国际动向与中国行动[J]. 科学决策,2010(4).
② 陈岩,王亚杰. 发展低碳经济的国际经验及启示[J]. 经济纵横,2010(4).
③ 缓解能源压力 英将建世界最大海浪能发电站[N]. 上海证券报,2007-09-19.
④ 中国经济报告:国外发展低碳经济的经验.

表明要大力推出发展核能,通过大力发展清洁能源促进低碳经济发展。

### (三)重视低碳技术研发和转化

英国为了促进技术创新和节能技术的研发,在 2008 年设立了总预算为 12 亿英镑的"环境变革基金"[①]。环境变革基金主要是为技术开发提供资金资助,尤其对生物质能技术和生物质能基础设施开发进行资助;英国还投入 6 亿英镑建立了政府和产业界合作的"能源技术研究所",负责技术的研发,并促进研究成果的产业化,以促进节能减排;重视技术转化,由于国家之间的高新技术转化能为本国带来巨大的经济效应,能有效地降低研发能源的成本,因此英国注重技术的商业转化,希望通过向其他国家转让技术或者服务获得巨大的经济社会效益。此外,英国知识产权局推出向低碳技术发明在专利体系中提供优先权的举措,为低碳创新企业提供更为快速地获得高质专利权的机会,从而帮助企业的产品更为快速地进入市场[②]。

### (四)财政支持低碳经济发展

英国是工业革命的先锋,工业的急速发展促进了英国经济腾飞,为发展低碳经济提供了财力支持。自 2000 年以来,英国政府已投入 200 亿英镑,帮助数百万户家庭解决能源短缺问题[③]。2001 年英国成立了碳信托有限公司,促进能源开发、研究、加速技术商业化、投资孵化器[④]。到 2009 年已累计投入 3.8 亿英镑,英国政府还于 2010 年 3 月 25 日表示,将设立 10 亿英镑(7.49 亿欧元)绿色能源基金,加大绿色运输和能源项目投资[⑤],雄厚的财政

---

① 余丽生等.基于国际比较视角透析我国低碳经济发展取向[J].地方财政研究,2010(6).
② 黄晓蕾.低碳经济在英国[J].华东科技,2010(1).
③ 英国:发展低碳经济 促进经济复苏[N].经济日报,2009—11—19.
④ 同上.
⑤ 国际新能源网.英国设立 10 亿英镑绿色能源基金[EB/OL].http://china.toocle.com, 2010—03—26.

基础为发展低碳经济奠定了基础。

（五）大力发展碳基金

英国政府为了达到节能减排的目标，大力发展碳基金。英国的碳基金是 2001 年由英国政府投资按照企业方式运作的非营利组织，其运作资金主要来源于"气候变化税"，发展碳基金的定位有两个[①]：一是帮助英国的企业扫除在其发展低碳过程中面临的技术、管理方面的障碍，帮助企业和公共机构提高能源和资源的使用效率，减少温室气体的排放；二是对有市场前景的低碳技术市场进行投资，拓展其市场，获得经济效益和收益[②]。针对发展低碳经济存在的障碍，碳基金还开展了包括提供解决方案、技术创新、产业化、商业投资、战略研究等全方位的技术服务，使低碳技术更容易进入市场，容易被企业接受。

# 第二节　日本发展低碳经济的借鉴

在全球应对气候危机的趋势下，各个国家纷纷采取战略措施应对气候危机，日本是亚洲地区发展低碳经济较好的国家之一，日本将发展低碳的理念植入民心，并用法律的形式加以巩固；在发展中注重技术创新和突破，鼓励企业进行低碳生产和经营，等等。本节将讨论日本发展低碳经济的经验借鉴。

## 一、日本发展低碳经济的背景

在短短的 30 年中，日本经济经历了两次金融危机，对经济的冲击很大，需要发展低碳经济刺激经济增长，另外日本是典型的岛国，大气中的温室气体的浓度增加会给农业、渔业带来一定的影响，同时温度的上升、海平面的上涨，将侵蚀着面积有限的岛国。

---

① 陈岩等．发展低碳经济的国际经验及启示[J]．经济纵横，2010(4)．
② 碳基金：英国推广低碳技术的重要支撑[N]．经济参考报，2010－09－15．

金融危机：日本在近 30 年里经历了两次金融危机，20 世纪 90 年代亚洲金融危机以及 2008 年的金融危机给日本经济沉重打击，泡沫经济崩溃，银行接连倒闭，失业率剧增，日本希望通过发展低碳经济来推动本国经济发展，减少失业率。

气候危机：日本是典型的岛国。由于其地理环境等条件的制约，日本受到气候变化的影响远远高于世界上的其他国家①。因此，气候变暖对日本影响较大，可能带给日本农业、渔业、经济、环境和国民健康等不良影响②，而发展低碳经济能扭转气候变暖所产生的危机。基于上述的背景，日本提出了建设低碳社会以实现碳排放最小化。

**二、日本发展低碳经济采取的做法**

日本制定了较为完善的法律法规体系保障低碳经济实施，并重视能源的多样化，发展太阳能、地热、煤炭、氢能源；重视技术创新和转化，低碳技术处于世界领先地位。下面讨论日本发展低碳经济所采取的措施。

（一）构建低碳经济的法规体系

日本已经构建了以能源政策基本法为指导，以石油为立法、煤炭立法、电力立法、天然气立法、能源利用合理化立法、新能源利用立法、原子能立法等为中心内容，相关部门法实施令为补充的能源法律制度体系形成了金字塔式的能源法律体系。③ 2000 年 4 月又全面实施《绿色采购法》《环境友好合同法》，2008 年日本国会又分别通过了《能源合理利用法》《建设低碳社会的行动计划》《推进地球温暖化对策法》《通过推进研发体系改革强化研发能力及提高研发效率》，以法律形式强制地促进科技创新和研

---

① 陈柳钦．日本的低碳发展路径[J]．环境经济，2010(3)．
② 谢晶仁．增强应对气候变化的能力：世界各国的战略选择[J]．全球科技经济瞭望，2010(4)．
③ 徐冬青．发达国家发展低碳经济的做法与经验借鉴[J]．世界经济与政治论坛，2007(6)．

发[1]，提高日本科技水平，完善创新环境、提高研发效率，提高清洁能源的使用比重。2009 年 4 月，日本又公布了《绿色经济与社会变革》的政策草案，促进日本减少温室气体排放，实现绿色经济[2]，同时为了实现"京都协议书"减排目标，实现日本中长期削减温室气体的排放量目标，日本又开始实施新的节能法，目的是通过实现温室气体排放减少等措施，强化日本的低碳经济发展[3]。

（二）重视新能源产业发展

日本历来重视能源开发和利用。早在 1974 年的阳光计划中，把太阳能、地热、煤炭、氢能源等四个领域作为石油替代能源的重点进行开发研究。在阳光计划中，主要以居民屋顶并网发电为主要目标，给予光伏系统初始的政府补贴高达光伏系统造价的 70%[4]；随后日本提出了"七万屋顶计划"，政府资助"七万屋顶计划"中的最初计划启动金的一半，用于大力发展太阳能，促使日本成为光伏光电产业大国[5]；1981 年日本启动了"月光计划"重点推动燃料电池的开发研究[6]；1993 年日本又启动了"新阳光计划"将原先各自独立推进的有关能源、节能和地球环境三个领域的技术开发进行综合性推进[7]。日本不断的致力于新能源的开发，促使日本从"耗能大国"转变为"新能源大国"。日本目前继续加强太阳能产业发展，将太阳能发电产业作为刺激日本经济增长的主要动力，并通过成立太阳能系统产业战略研究会，对太阳能发展战略、太阳能发展的产业政策进行研究、进行宏观地指导，并通过政策性银行金融相应的融资促进太阳能产业的发展等，在这一系列

---

① 中国科技财富.日本力推多项战略全力建设低碳社会[EB/OL].http://www.sina.com.cn.2009－12－25.

② 陈柳钦.低碳经济：一种新的经济发展模式[J].实事求是，2010(2).

③ 赵晶.国际低碳校园建设之于中国高校的经验[J].国际城市规划，2010(2).

④ 王新，李志国.日本低碳社会建设实践对我国的启示[J].特区经济，2010(10).

⑤ 韦东远.我国光伏产业的突破与隐忧[J].国际技术装备与贸易，2009(6).

⑥ 日本推广新能源不遗余力[N].中国证券报，2009－08－13.

⑦ 同上.

的措施推动下,日本提出了太阳能发电能力目标是 2020 年太阳能发电能力提高至现在的 20 倍,占全世界三分之一,2030 年提高至现在的 40 倍[①]。日本通过重视新能源产业的发展,推动低碳经济的发展。

### (三)重视技术转化和创新

日本在 20 世纪 90 年代经历亚洲金融危机,泡沫经济崩溃,银行接连倒闭,日本当时希望通过科技推动经济的发展[②]。日本早在 1995 年出台了《科学技术基本法》,决定通过科技进步,推动日本经济的发展,日本的科技振兴在一定程度上奠定了低碳经济发展的科技基础。加之日本能源资源历来匮乏,一直致力于能源技术创新,不断研发新能源技术,促使能源的利用效率提高和能源结构多样化,2007 年日本为了有效的推进技术创新,制定了"新国家能源技术战略",并高瞻远瞩从庞大的技术群中挑选了五大领域的低碳技术创新作为主攻目标:超燃烧系列技术领域、超时空能源技术领域、节能型信息生活空间创生技术领域、低碳型交通、社会构建技术领域、新一代节能半导体元器技术领域[③],促进技术的创新。日本还制定了其他的计划和纲要——如"节能先行者计划"和"节能技术战略指导纲要""节能投资与市场评价机制指南",希望在 2030 年前,促使日本的能源效率在 2007 年的基础上提高 30%[④]。

2008 年日本首相福田康夫上台后,更重视低碳技术的发展,福田已经宣布将在未来的五年内将投入 300 亿美元,实施"环境能源革新技术开发计划"。通过技术创新研发未来一段时间内所使用的尖端先进技术,日本政府有关机构专门设计了"技术创新

---

① 商务部网站.日本太阳能电力产业现状及发展规划[EB/OL].http://www.sina.com.cn. 2009-08-21.

② 唐丁丁.日本发展低碳经济的启示[J].世界环境,2009(5).

③ 王新,李志国.日本低碳社会建设实践对我国的启示[J].特区经济.2010(10).

④ 余丽生等.基于国际比较视角透析我国低碳经济发展取向[J].地方财政研究,2010(6).

路线图",仅仅在 2008 年日本在环境能源开发费用达到 100 亿日元[1],日本的能源利用技术和环境技术(如建筑减能技术、废水处理技术等)都已经走在世界前列了,日本现在致力于化石能源的减排技术研究和装备,形成了国际领先的烟气脱硫环保产业,通过发展低碳技术促进了日本低碳发展[2]。

(四)出台财政税收扶持低碳经济

日本对发展低碳经济进行大量的财政投入,2009 年日本财政预算中,涉及鼓励和扶持低碳产业发展的财税占预算额的 60%,涉及对环保车免税 2100 亿日元;对节能环保投资减税高达 900亿日元,对中小企业减税 2400 亿日元[3],以促进企业转型。日本还特别出台了特别折旧制度和特别会计制度等多项财税优惠措施估计开发节能技术、使用节能设备[4]。具体的优化政策有:一是购置公害车时可享受车辆购置税的减免,并优先延长减税车辆的汽车税的减免年限;二是延长低公害车燃料供给设备固定资产税的优惠措施;[5]三是根据公害防止设备特别折旧制度,对其对象设备进行重新评估,并延长特别折旧年限;四是关于再商品化设备等的特别折旧制度,对其对象设备采取了重新评估等措施。日本也在探讨设立环境税。[6] 五是领跑者计划等,根据日本节能专家的分析,如果在家电领域应用日本先进的节能技术,可以大大减少家庭领域的二氧化碳的排放量。因此 2008—2012 年,对超过领跑者计划标准的家电设备由政府财政实行更新的购置补贴,通过出台经济政策大力扶持低碳经济发展[7]。

---

① 蒋海勇等．广西发展低碳经济的财税政策探讨[J]．经济研究参考,2010(23).
② 黄海．发达国家低碳管理的经验借鉴及其启示[J]．全球科技经济瞭望,2010(2).
③ 邵冰．日本低碳经济发展战略及对我国的启示[J]．北方观察,2010(4).
④ 日本建设低碳社会的举措及对中国的启示[N],2010—01—13.
⑤ 唐丁丁．日本发展低碳经济的启示[J]．世界环境,2009(5).
⑥ 发展低碳经济是必然选择日本建设低碳社会的启示[N].环保新闻,2009—10—14.
⑦ 施勇峰．各国应对气候变化的创新政策和技术[J]．杭州科技,2010(2).

## 第三节  德国发展低碳经济的借鉴

德国作为发达的工业国家,能源开发和环境保护等技术一直走在世界前端。德国实施低碳经济有其独特的发展背景,发展低碳经济化解能源危机、经济危机等,德国政府通过实施气候保护高技术战略,将气候保护、减少温室气体排放等列入国家可持续发展战略中,并通过立法等措施强制节能减排[①]。

### 一、德国发展低碳经济的背景

德国是世界上能源消费大国之一,自身能源又相对紧缺,加之处于经济危机中,因此发展低碳经济有其自身的背景:

能源发展瓶颈。德国是世界上继美国、中国、俄罗斯和日本之后的第五大能源消费国,能源需求日益增长[②],但是德国资源贫乏,经济发展高速增长,在一定程度上加剧了对原材料、能源的进口依赖程度,仅仅 2007 年德国能源使用中的铀需要全部进口,原油进口量占使用量的 97%,天然气占 83%[③]。能源的瓶颈不仅制约着国内经济的发展,还产生国际政治的危机。基于能源危机,政府提出要减少德国的能源进口依赖,加强开发可持续发展能源,扩大可再生能源的利用,取代对石油和煤炭的进口依赖,减少温室气体的排放,减少污染。

经济危机。在发展低碳经济过程中,德国的可再生能源产业快速发展,已经成为德国新的经济增长点。2008 年可再生能源在德国的销售额达 290 亿欧元,2009 年的德国经济增长为 -5%,但是对可再生能源的投资比例却增加了 20%,高达 180 亿欧元,可再生能源的就业岗位增加 8%,从业人员已高达 30 万人。[④] 通过

---

①  部分国家发展低碳经济的观点和举措[J]. 经济,2010(1).

②  陈海嵩. 德国能源供需政策及能源法研究[J]. 法治研究,2009(4).

③  新华网. 可靠 经济 环保——透视德国能源政策[N]. 2007-01-04.

④  新华网. 德国可再生能源使用占总能耗比例超过 10%[N]. 2010-03-25.

发展低碳经济,创造更多的就业机会,化解经济危机。

## 二、德国发展低碳经济采取的做法

德国高度重视低碳经济发展,政府和机构在此过程中发挥了积极作用。①联邦政府:在立法和发起相关项目方面,政府发挥积极的主导作用;②德国的复兴银行:复兴银行的贷款主要是面向可再生能源企业的,为企业所提供的优惠程度高到50%左右,通过提供为企业提供优惠政策,促进能源企业的发展;③德国能源署:德国能源署主要为能源项目提供信息、资金、咨询服务;④地方政府:制定本州范围内的政策法规[①]。德国发展低碳经济还采取了其他的措施和做法:

### (一)构建完善的能源安全法规体系

德国一直注重通过立法或者通过实行强制性的措施对能源产业、能源供应制度进行调节和监管[②]。早在1935年的时候,德国就制定了《能源经济法》,希望通过立法解决因经济快速增长所带来的能源需求问题;1998年3月28日,新《能源经济法》公布,明确提出要"保障提供最安全的、价格最优惠的、与环境相和谐的能源"。2005年《新能源经济法》第二次被修改,《新能源经济法》的修改希望通过市场竞争来促进企业节能减排,到2010年德国已形成了以2005年新修订的《能源经济法》为核心的,由煤炭、石油、可再生能源、节约能源、核能、生态税收等专门立法为主体内容的能源立法体系,通过立法和强制措施保障能源安全,为低碳经济发展提供了制度保障。

### (二)鼓励发展新能源

由于德国缺乏化石能源,德国政府一直鼓励发展新能源,尤其是生物质能、太阳能、风能等能源,并制定了相应的政策措施以

---

① 驻德国经商参处.德国新能源发展的政策环境、主要成就及其国际合作.2010-09-03.
② 杜群等.德国能源立法和法律制度借鉴[J].国际观察,2009(4).

保障其实施。德国颁布了《再生能源使用资助指令》《生物质能法》和《农业领域生物动力燃料资助计划》，规定对发展生物能源进行资助，明确规定用生物能源发电可获得补偿及多种补贴[1]，在生物能源的技术创新上制定优惠政策，给予技术创新补偿和设备补贴；德国通过大力发展风能，鼓励和促进现有风力设备的更新换代，开展了海上风力园实验项目，促进风能发展[2]，同时修订《可再生能源法》，下调海上风电电价，新政策将有可能使得德国回归风电大国行列，为实现德国政府提出的 2020 年陆上风电 4500 万千瓦、海上风电 1000 万千瓦的目标提供保障[3]；德国制定了《未来投资计划》，迄今已投入 7.4 亿欧元的研发经费，促进风能和太阳能等技术的研发[4]，鼓励发展风力发电和使用太阳能，届时风力发电可占可再生能源发电量的 54％，太阳能供热器总面积突破 600 万平方米[5]。德国还对可再生能源的新设备依据设备的功率、使用的原料以及相应的技术性能进行二十年的补偿，通过一系列措施鼓励新能源的研发和使用。

### (三)实施气候保护高技术战略

为了实现气候保护的目标，1977 年，德国联邦政府出台了能源研究计划，2005 年德国实施了最新的能源计划[6]，该计划以能源的高效利用、可再生能源为重点，并获得德国"高技术战略"资金支持；2007 年德国联邦教育和研究部在"高技术战略"下，制定和出台了气候保护高技术战略，根据气候保护计划战略，联邦教研部计划在未来的十年内将额外投入十亿欧元，重点用于环境气候保护的相关技术研发[7]；德国的工商界也将投入资金用于研发

---

① 张嵋喆等：欧盟生物质能产业发展现状和相关政策研究[J]. 中国科技投资，2008(11).

② 任力. 国外发展低碳经济的政策及启示[J]. 发展研究，2009(2).

③ 中国科技财富. 德国大力发展新能源产业的做法与启示[EB/OL]. http://www. sina. com. cn. 2009－10－21.

④ 吴杰. 我国可再生能源投融资研究[D]. 上海交通大学，2006.

⑤ 国际能源网. 新能源和可再生能源：经济寒流下逆势涌动的暖潮[N]. 2010－03－02.

⑥ 任力. 低碳经济与中国经济可持续发展[J]. 社会科学家，2009(2).

⑦ 陈柳钦. 低碳经济：国外的发展动向及中国的选择[J]. 全球科技经济瞭望，2010(2).

气候保护技术。德国在"高技术战略"下确定了未来研究的重点领域[①]:①气候预测和气候保护的基础研究;②气候变化后果;③使用气候变化的方法;④与气候保护措施相适应得政策机制研究[②]。根据四大重点研究领域,德科技界和经济界确定了四大研究重点方向——有机光伏材料、能源存储技术、新型电动汽车和二氧化碳分离与存储技术[③],建立创新联盟促进技术发展[④]。

（四）制定财政税收政策

德国发展低碳经济,制定了相关财政政策。首先为了有效地提高能源使用效率、促进节能减排。德国采取了一系列的财税措施:①征收生态税:对使用油、气、电的企业征收了生态税,通过征收生态税一方面促进能源利用效率提高,另一方面能提高企业在国际上的竞争力;②修改机动车税、征收载重汽车费:通过修改机动车税,依据汽车载重收费,促进小排量汽车增加,降低废弃物排放量,尤其是减少二氧化碳排放量;③发展节能专项基金:德国联邦经济部与德国复兴信贷银行设立了面向中小企业发展节能专项基金,给予中小企业专业的节能指导,给予采取节能措施的中小企业相应的财政支持,以提高中小企业利用能源的效率[⑤];④财政补贴:政府给予发展可再生能源的企业、使用可再生能源的家庭给予补贴。如在德国,政府对于发展再生能源技术的企业都给予一定的补贴,对于大型的可再生能源项目,政府免费提供贷款额的 30% 作为补贴[⑥],政府每年给予家庭使用再生能源一定的补贴,如给予家用太阳能系统一次补贴 400 欧元,通过财政措施鼓励可再生能源的发展,目前德国的风能和太阳能利用水平已经走在世界前列。

---

①  程如烟．主要国家应对气候变化的新举措及对我国的启示[J]．中国科技论坛,2009(12).

②  庄贵阳．低碳经济:气候变化背景下中国的发展之路[M]．北京:气象出版社,2007.

③  廖健等．以创新应对世界重大问题挑战[J]．中国科技产业,2010(4).

④  任力．国外发展低碳经济的政策及启示[J]．发展研究,2009(2).

⑤  同上．

⑥  德国推动节能的主要做法和经验[J]．建筑装饰材料世界,2008(2).

## 第四节  其他发达国家发展低碳经济的做法

上述国家发展低碳经济采取了较为全面的措施,其他发达国家如意大利、美国、丹麦在推动低碳经济发展中采取了特色做法,成效卓越。

### 一、意大利的证书制度

意大利政府重视落实《京都议定书》的义务,重视提高能源效率,以降低能耗,鼓励利用新能源,以减少污染和排放。意大利尤为重视证书制度。

(一)绿色证书制度

意大利通过绿色证书制度鼓励和支持可再生能源发展,绿色证书是通过利用可再生能源向国家电网输送电力,并由国家电网管理局认可后所颁发的证书。年产量或进口量在一亿千万时以上的非可再生能源生产企业,必须在前一年度实际产量基础上,按照一定的比例向国家电网输送可再生能源,该比例逐年递增。生产商或者进口商可通过两种方式完成指标:一是通过自己的可再生能源生产来完成规定的指标;二是通过购买"绿色证书"的方式完成任务,(注:绿色证书可用于交易)[1]。通过绿色证书,限制高碳能源的使用,激励具有可再生能源发展[2]。

(二)白色证书制度

"白色证书"制度由意大利政府提出,其目的在于促进能源消耗企业提高能源效率、减少能源消耗的一种认证[3]。对于达到节能目标的企业,相关的管理部门将给予经济奖励,节能指标超过

①  陈岩,王亚杰. 发展低碳经济的国际经验及启示[J]. 经济纵横,2010(4).
②  任力. 国外发展低碳经济的政策及启示[J]. 发展研究,2009(2).
③  张安宁,唐在富. 发达国家发展低碳经济的实践与启示[J]. 中国财政,2009(8).

规定目标的,可出售其他富余的"白色证书"[1],达不到最低节能目标者,可以从市场上购买"白色证书",否则将予以经济处罚。[2]通过"白色证书"的结算,一方面在规定时间内获得目标能效提高量,获得能效提高的具体数值,促使节能有具体的市场价格[3];另一方面,白色证书提供了交易平台,供求双方可通过双边交易或者通过白色证书进行市场交易促使节能政策的推进有更强的可操作性。

### (三)出台优惠政策

除了证书制度,意大利政府又出台了优惠政策推动节能和可再生能源发展,鼓励低碳经济发展[4]。2007 年政府出台了优惠政策实施条例,启动了第一个关于能源效率和生态工业创新计划[5],该计划主要在以下的领域给予优惠:①给予申请的企业在使用可再生能源领域予以优惠;②给予开发投资于环境影响小、节约能源新产品领域优惠;③给予开发投资低能降、低能耗的新工艺领域资助优惠[6];④给予农业能源系统财政优惠;⑤给予高效工业电机税收减免;⑥给予高效率的家电税收减免[7]。通过出台税收财政优惠政策,促进意大利低碳经济发展。

### 二、美国的低碳法规制度

美国虽然在 2001 年推出《京都议定书》,拒绝接受《京都议定书》所规定的发达国家应该承担的责任和义务,但是,美国一直致力于开发新能源、研发低碳技术,发展低碳经济,尤其是制定了低碳发展法律法规,主要做法有以下几点。

---

① 陈岩等.发展低碳经济的国际经验及启示[J].经济纵横,2010(4).
② 任力.国外发展低碳经济的政策及启示[J].发展研究,2009(2).
③ 张安宁,唐在富.发达国家发展低碳经济的实践与启示[J].中国财政,2009(2).
④ 郝鸿毅.对石油企业低碳发展战略及财税政策保障的思考[J].国际石油经济,2009(11).
⑤ 张安宁,唐在富.发达国家发展低碳经济的实践与启示[J].中国财政,2009(8).
⑥ 任力.国外发展低碳经济的政策及启示[J],发展研究,2009(2).
⑦ 同上.

（一）美国的低碳法律法规

美国政府发展低碳经济,专门成立了白宫全国能源委员会,由联邦政府带头推进低碳经济。联邦政府还制定了专门的法律法规以促进低碳经济发展,先后出台了《能源政策法》鼓励能源效率提高,促进新能源发展;出台《清洁能源法》鼓励大力发展新清洁能源;出台《能源税法》运用经济政策手段改变美国的能源生产和消费方式,鼓励发展新能源。通过一系列强制性法案,通过制定法规,给予投资清洁能源者优惠政策,为发展清洁能源提供机会,给予可再生能源企业经济补贴等措施,促进促进低碳经济发展[1]。2007年美国参议院还提出了《低碳经济法案》,寻求经济、环境、能源安全战略,将发展低碳经济作为重要的战略措施,以达到三个目的:①降低对外国石油的依赖度,保障美国的能源安全;②创造就业机会,刺激美国经济增长;③减少温室气体排放,减缓气候变暖。2009年美国出台了《美国复苏与再投资法案》《美国绿色能源与安全保障法案》等法案[2],通过发展新电池、新能源、智能电网等措施,提高能源利用效率,减少二氧化碳排放。此外,为了应对气候变暖,美国力求通过一系列节能环保措施发展低碳经济。2009年,美国众议院通过了美国第一个应对气候变化的方案——《美国清洁能源和安全法案》[3],在该法案中设定了美国温室气体的具体减排时间表,引入了温室气体排放权配额与交易机制[4],通过法律法规强力推进和鼓励低碳经济发展。

（二）重视低碳技术创新

美国重视新能源开发技术、碳捕获、碳封存与碳储存技术创新利用技术创新和技术进步,降低研发可再生能源的成本。一方

---

① 张永伟.美国支持可再生能源发展的政策体系及启示[J].市长参考,2010(4).
② 余丽生等.基于国际比较视角透析我国低碳经济发展取向[J].地方财政研究,2010(6).
③ 刘助仁.低碳发展是全球一种新趋势[J].科学发展,2010(1).
④ 陈柳钦.低碳经济:国外发展的动向及中国的选择[J].甘肃行政学院学报,2009(6).

面促使新能源被研发,另一方面促使新能源能够被普遍的使用,快速推广和使用新能源,促使新能源成为能源使用的主力。美国在技术创新上投入巨资,2000 年到 2010 年间,美国计划内对可再生能源的研发费用高达 150 亿美元以上,并建立技术商品化示范项目[1],通过技术进步影响经济成本,促使可再生能源的价格降低,以此促进新能源成为未来能源的主力。

### 三、丹麦的低碳宣传教育

（一）重视低碳教育

丹麦开展公益性质的活动,以提高人们的低碳意识。2008—2009 年,丹麦教育部从学校教育开始,要求所有教学大纲必须增加与气候相关的内容[2],提高学生的危机意识,强化低碳理念;丹麦能源局播放的电视片则反复描述丹麦气候行动,在片中反复强调节能用电的效果,如果 200 万的丹麦家庭参加了节电行动（如使用节能灯、节能建筑、风能）,则能源消耗可以降低 73%[3];2009 年 Danfoss 公司为年轻人举办的气候和创新夏令营活动,目的是让年轻人为气候变暖、环境恶化贡献自己才能智慧,通过教育、宣传,提高民众的低碳意识。

（二）制定完善财税政策

为了促进低碳经济的发展,丹麦通过征税、实行财政补贴、实行财政优惠等措施促进低碳经济发展:①征收碳税,丹麦对使用化石高碳能源者征收碳税,其税额已经超过其费用的一半,如不节约能源,用户将支付更高的金额,丹麦通过征收高碳税,保证丹麦的化石稀缺能源得到有效合理的利用,提高能源的使用效率;②实行财政补贴:丹麦对于使用清洁能源和非清洁能源实行不同

---

① 张安宁,唐在富. 发达国家发展低碳经济的实践与启示[J]. 中国财政,2009(10).

② 杜梅等. 论个体实践在减缓气候变化中的作用[J]. 现代商贸工业,2010(1).

③ 董小君. 低碳经济的丹麦模式及其启示[J]. 国家行政学院学报,2010(3).

的财政政策,如使用化石能源将征收碳税,而使用清洁能源不但不征收税收,还给予清洁能源使用的财政补贴,丹麦对生物质能、风能、太阳能实行财政补贴,鼓励用户使用清洁能源,以减少环境污染,促进低碳经济的发展;③税收优惠:丹麦在20世纪80年代至90年代中期,免征风机发电收入税收,并给予风力发电价格优惠,促进清洁能源的使用。通过制定较为完善的财政政策,促进新能源的开发和使用。

(三)重视低碳技术发展

目前,丹麦已经形成了由政府、企业、科研、市场互动的格局,四者积极地促进低碳技术的研发、使用、推广。在丹麦的政策法规下,大学和科研机构将继续保持对研发能源技术的投入[①];中小企业则积极促进、加快新技术商业化进程;一些大企业的基金会为重大的技术研发提供资金支持,政府则使用经济手段,促使技术在市场上能被广泛的接受。丹麦在企业、政府、科研机构市场等强力支持下,已经研发出先进的技术:包含减少空气、水土污染、研发环境友好型产品和生产流程等具体技术、率先研发秸秆等生物质燃烧发电技术等等。通过重视技术,促进低碳经济发展。

# 第五节　我国发展低碳经济的主要做法

随着学习和实践科学发展观活动的不断深入,我国发展低碳经济的热情高涨,不少省区、城市都积极发展低碳经济。我国发展低碳经济主要采取了如下的措施和政策。

## 一、制定发展低碳经济相关的法律法规

我国在发展低碳经济的相关领域已经制定了《可再生能源

---

① 章宁. 从丹麦"能源模式"看低碳经济特征[J]. 全球科技经济瞭望,2007(12).

法》《清洁生产促进法》《循环经济促进法》《煤炭法》《电力法》《节约能源法》等相关法律法规[1]，其中《可再生能源法》《清洁生产促进法》《循环经济促进法》的出台有效地促进了新能源和可再生能源的发展，提高了能源的利用效率，推进了我国的节能减排行动[2]。我国还积极制定和实施一系列约束性规划，如《节能中长期规划》《可再生能源中长期发展规划》《核电中长期发展规划》《新能源发展规划》为中国发展低碳经济创造了良好的法律法规环境[3]，以此减缓气候恶化，显示中国重视气候变暖、保障能源安全，实现低碳发展的决心。

## 二、设立约束指标，建立评估标准体系

我国在发展低碳经济时，注重指标约束和评价指标标准，我国在"十一五"规划将单位 GDP 能耗、化学需氧量和二氧化硫减排量列为约束性指标[4]，"十二五"规划主要节能减排约束性指标：单位国内生产总值能耗下降 16％、氨氮和氮氧化物分别减少 10％、非化石能源占一次性能源消费比重达到 11.4％、二氧化碳排放强度下降 17％、单位工业增加值用水量降低 30％[5]，并将节能减排的具体指标落实到具体区域、具体行业、具体企业中去。节能减排方面约束性指标的增加，体现了国家发展低碳经济的决心；节能减排的指标具体分解到各个区域、行业和企业，增加节能减排的可操作性；在低碳城市的评估中，制定低碳城市的标准，具体为低碳生产力和低碳消费、低碳资源和低碳政策等四大类共 12 个相对指标。[6] 城市的低碳生产力指标超过全国平均水平的 20％，即可被认定为"低碳"。通过建立评估体系，将碳排放指标

① 刘海. 发展低碳经济不能忽视配套法规[J]. 企业技术进步，2010(5).

② 刘颖杰. 低碳经济——中国相关法律及其完善[J]. 商场现代化，2010(16).

③ 张金艳. 发展低碳经济法制"保驾护航"[J]. 人大建设，2010(6).

④ 陈刚等. 节能减排约束性指标的中期进展[J]. 环境保护，2009(20).

⑤ 中国广播网. "十二五"约束性指标主要集中在公共服务和公众利益领域[EB/OL]: http://www.sina.com.cn. 2011－03－05.

⑥ 姜妮. 低碳中国路在何方？[J]. 环境经济，2010(4).

完成情况和政府政绩联系起来,以此提高政府对发展低碳经济的重视度。通过制定约束性指标、建立评价指标体系,增强节能减排的可操作性。

### 三、发展节能产业

发展特色节能产业,减少能耗,加快经济转型升级,增强区域竞争力,促进低碳经济发展。重庆、随州、延安等地以发展特色节能产业促进低碳发展。重庆市渝中区通过建设节能建筑,推进其节能减排工作,拟将渝中区打造成重庆市"低碳经济"的示范窗口[①];延安通过发展低碳建筑,试点"太阳能屋顶"建设,要求城镇区域内新建的12层以下住宅,新建改造的医院、商品楼、酒店和宾馆等有热水需求的公共建筑,统一设计和安装太阳能热水系统,推广和推进建筑节能[②];随州倡导低碳建筑,通过推广使用新型墙体材料砖、推广使用太阳能光热系统提供热水、采用太阳能光热光电系统、空气能系统、雨水回收系统等国内先进的节能技术[③],通过倡导建筑节能,促进低碳发展,各个地区因地制宜地采取不同的发展模式,有效地控制碳排放。

### 四、打造新能源产业基地

产业是经济发展的重要组成部分,是发展经济的重要支撑之一,通过打造新能源产业基地,延伸产业链,产生规模效应和集聚效应,减少资源、能源消耗,可以推动低碳经济的发展。中山、镇江、潍坊等地通过新能源产业基地促进推动低碳发展。如镇江打造太阳能产业基地,中国建筑材料集团有限公司已与镇江实行战略合作,计划在三年的时间内建成1万平方米以上的新型太阳能房屋,形成全国最大的薄膜太阳能电池组件和 TCO 玻璃生产能

---

① 梁本凡.中国低碳发展区域特征与战略方向[N].中国经济,2010-07-31.
② 华商报."太阳能屋顶"将在延安试点[N],2010-05-19.
③ 梁本凡.中国低碳发展区域特征与战略方向[N].中国经济,2010-07-31.

力[①]，从源头开始，建成完整的太阳能产业链，用最低成本产出最好产品；潍坊准备打造胶东半岛新能源基地，大力发展风能、生物质能、太阳能、地热能等新能源，从单一的煤电能源转变为多元的太阳能、风能、生物质能发电并举，通过建立新能源产业基地，减少温室气体的排放，推动低碳经济发展。

### 五、重视森林碳汇

为了继续应对气候变化，促进经济社会的可持续发展，我国不少地区都在大力发展林业，增加森林碳汇，减少温室气体浓度。四川是林业大省，四川省森林碳汇产业试点工作走在全国前列，启动了全国第一个森林碳汇试验示范项目——四川西北部退化土地的造林再造林项目，通过发展碳汇，既促进节能减排，又促进农民增收；2008年温州申请了中国绿色碳基金温州项目，成为全国第一个建立碳基金专项的地级市[②]，并出台了《关于加快碳汇林业发展的意见》，重视林业森林碳汇发展；临安市与浙江农林大学签署了共建全国碳汇林业试验区战略合作协议，制定了我国第一个碳汇林业建设总体规划——《临安市碳汇林业建设总体规划》，并进行了碳汇造林和森林可持续经营试验示范，促进低碳经济可持续发展[③]；黑龙江将森林碳汇纳入黑龙江省的国民经济和社会发展的十二五规划中，纳入政府工作日程中，着力推进森林碳汇。

### 六、发展碳交易

我国清洁发展机制项目快速发展，市场规模巨大。据世界银行的统计，中国的清洁发展机制项目占全球该项目的比例逐年递增[④]，其中2006年我国的清洁发展机制项目的比例为54%，2007年比例为73%，2008年比例为84%[⑤]，远远领先于其他发展中国

---

① 梁本凡.中国低碳发展区域特征与战略方向[N].中国经济,2010-07-31.
② 张健康等.碳汇林业助推低碳经济发展[J].浙江林业,2010(1).
③ 尚文博,张健康.发展碳汇林业 关注浙江模式[N].中国绿色时报,2010-12-03.
④ 李东卫.我国"碳金融"发展的制约因素及路径选择[J].新会计,2010(4).
⑤ 段冶.后金融危机时代下的金融创新——碳金融[J].中国外资,2010(4).

家。尽管受金融危机的影响，全球碳金融的发展速度趋缓，但从2008 年以来，我国清洁发展机制项目跳跃式发展[①]。截至 2009 年10 月，中国政府已批准 2232 个清洁发展机制项目，其中 663 个已在联合国清洁发展机制执行理事会成功注册[②]，估算年减排量为1.9 亿吨，约占全球注册项目减排量的 58% 以上，我国的清洁能源机制项目注册数量和年减排量均居世界第一[③]。即使按照国内最低价格 8 欧元/吨价格计算，我国通过清洁能源机制项目的减排量的经济收益至少是 15 亿欧元以上。因此，依托 CDM 发展起来的碳交易在我国发展的前景广阔，发展空间大，获得经济收益高。

## 第六节　国内外发展低碳经济的启示

在全球发展低碳经济趋势下，低碳经济已经成为一个国家发展战略性的问题，它通过技术变革，经济结构优化、能源结构优化获得更多的生态安全保障、更强的国家核心竞争力和国际影响力。发展低碳经济需要市场、国家政府、民众合力推动；需要重视技术、重视低碳产业的发展；等等。从国内外发展低碳经济的实践来看，政府引导和市场参与有机结合，采取多种措施是成功推动低碳经济发展的关键。但是各个国家的做法并没有形成支撑体系，往往只注重在某一方面，论文以各国的低碳经济现实为基础，采用系统论的思想和方法构建我国发展低碳经济支撑体系，其框架图如下：

---

① 李东卫. 我国"碳金融"发展的制约因素及路径选择[J]. 新会计,2010(4).
② 曾鸣等. 低碳对策之碳排放交易现状与展望[J]. 陕西电力,2010(4).
③ 我国到 2020 年将培育优质能源林 2 亿亩[J]. 节能与环保,2009(12).

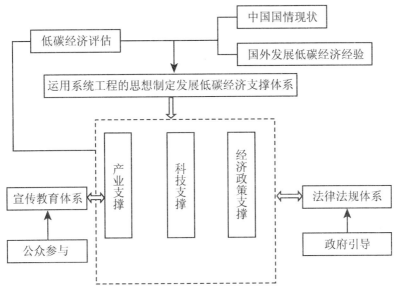

**图 2-1　我国发展低碳经济支撑体系框架图**

　　低碳经济的特征是减少温室气体排放,构建以低能耗、低污染、低排放为基础的发展体系。低碳经济是个复杂的系统,涉及人的发展理念、生产行为和消费行为;涉及产业结构和能源结构的优化调整;涉及技术创新和制度创新等各个方面,因此需要运用系统的思想构建低碳经济发展的支撑体系。

**一、制定促进低碳经济发展的法律法规体系**

　　发展经济过程中,将原先属于公共产品的环境和资源成本内化到各个市场交易中,是对完全放任的自由市场经济进行的全方位、系统的调控,是对社会利益格局的重新分配[①],必须运用法律手段,引导和规范低碳经济的发展。发达国家按照各自发展的原则,结合本国的经济社会发展状况,纷纷制定了相应的促进低碳经济发展的法律法规,保证低碳经济顺利发展。如:英国在 1997 年始制定《气候变化法案》;2000 年出台了再生能源义务令,鼓励可再生能源发展;2008 年颁布"气候变化法案"将温室气体减排目

---

　　① 　于宏源. 低碳经济:人类社会共同的发展方向[J]. 绿叶,2009(1).

标立法;等等。日本构建了较为全面的能源法律法规体系,该体系是以能源政策基本法为指导,以石油立法、电力立法、煤炭立法、天然气立法、新能源利用立法、能源利用合理化立法、原子能源立法为中心内容相关部门法实施令为补充共同形成[①]。我国应学习日本发展低碳经济的政策措施,加快制定《低碳经济法》《循环经济法》和《可再生能源法》等配套法[②],进一步完善涉及能源、环保、资源等方面的法律法规。

## 二、建立促进低碳经济发展的经济政策体系

经济政策是促进低碳经济发展的重要手段,国外发达的国家都利用经济政策促进低碳经济发展。日本政府为促进节能减排,对发展低碳经济的企业实施了财政支持和优惠政策,如出台了特别折旧制度、特别会计制度、补助金制度等多项财税优惠措施加以引导,鼓励企业开发节能技术、使用节能技术、工艺、设备[③]。德国发展低碳经济,给予了财政优惠和支持。德国联邦经济部与德国复兴信贷银行已经建立节能专项基金,用于促进德国中小企业提高能源效率[④];政府又给予发展再生能源技术的企业一定数额补贴等,鼓励民众和企业使用新能源。我国发展低碳经济,应借鉴发达国家所推行的经济政策,根据发展的需要,通过低息、无息等政策鼓励新能源发展,给予使用低碳工艺、低碳流程、低碳技术的企业价格补贴、投资补贴、亏损补贴等,通过多种具体方式,引导低碳生产,适时的时候考虑开征碳税等。

## 三、建立低碳经济发展的技术支撑体系

低碳技术决定着一个国家的核心竞争力,决定着国家的国际地位,许多国家发展低碳经济,重视技术研发、使用和推广。各个

---

① 徐冬青. 发达国家发展低碳经济的做法与经验借鉴[J]. 世界经济与政治论坛,2007(6).

② 同上.

③ 日本建设低碳社会的举措及对中国的启示[EB/OL]. http://www.BianJiBu.net,2010−01−13.

④ 驻德国经商参处. 德国新能源发展的政策环境、主要成就及其国际合作,2010−09−03.

国家中由于能源、政策、技术等因素的影响,各个国家发展低碳技术的重点不一样。如英国重视发展效率更高的清洁煤炭应用技术;德国重视发展清洁煤技术收集、储存碳分子技术等;日本重视节能技术和新能源技术等;美国重视能源技术;等等。日本重视技术尤为突出,目前日本的能源利用技术和环境技术(如建筑减能技术、废水处理技术等)均走在了世界前列,日本现在致力于化石能源的减排技术装备,形成了国际领先的烟气脱硫环保产业,技术促进了日本低碳发展[①]。中国发展低碳经济要重视技术,由于我国生物质能、太阳能、地热、风能等新能源资源丰富,尤其要重视新能源技术发展。

### 四、加强低碳经济的宣传和教育体系

国外发达国家重视应用媒体、舆论等手段,加强对低碳经济的宣传和教育,增强人们低碳理念意识和环保参与意识,提高全民发展低碳经济的意识。如日本政府和相关团体通过电视、网络媒体、发行刊物、开展讲座等多种方式向消费者进行节能宣传教育,普及节能知识[②],如今,节能思想已经深入民心,节能措施已细化到日常生活的各个方面;德国创办绿色课堂,低碳绿化教育从小抓起,从课堂教学入手,低碳绿化已经成为学校重要的教学课程,通过绿色课堂,提高学生的环保意识,加深对绿色低碳、生态循环系统的理解。我国在发展低碳经济时要加大发展低碳经济的宣传,可以考虑进行低碳发展、低碳文化的课堂教育等。

### 五、发展低碳经济的产业支撑体系

产业是经济发展的核心,各个国家在发展低碳经济中不仅注重发展低碳技术,更注重发展低碳产业,通过产业的转型促进低碳经济的发展。如德国通过实行"固定价格收购"制度支持太能光电产业发展;日本推出了"低碳型创造就业产业补助金",促进

---

①　黄海．发达国家如何推进低碳经济[J]．节能与环保,2010(2).

②　崔荣国等．我国能源消费现状与趋势[J]．国土资源情报,2008(5).

电动车用锂离子电池、LED 芯片、太阳能电池制造等日本具有明显市场优势的战略性新兴产业发展[①]；英国重视发展清洁产业；美国的能源部投资 9300 万美元促新能源产业发展[②]，目前美国在太能热发电和生物质能源产业方面走在世界前列。我国在低碳经济产业发展方面要借鉴国外的经验，实行一定的倾斜政策，鼓励发展新能源产业、低碳金融业、咨询等产业。

## 六、建立低碳经济评估支撑体系

发展低碳经济，需要建立低碳经济评估系统，系统体现低碳经济发展的区域差距，监测经济社会的整体情况，及时发现问题，及时修正战略途径，提出对策建议。应用低碳经济评估体系，对未来经济发展进行预算，并形成约束性指标，进一步强化政府发展低碳经济的意识，运用行政力量、手段，通过合理配置公共资源，确保实现低碳经济发展。

---

[①] 日本经济产业省加大对本土低碳产业的补贴力度[EB/OL]. http://www.info.gov.cn/qbs/. 2010－7－27.

[②] 满娟. 美国再次增资新能源[EB/OL]. 中国石化网，http://www.sinopecnews.com.cn/. 2010－01－06.

# 第三章　低碳经济支撑体系分析

传统经济发展模式下,经济发展也需要一定的支撑要素。如在高碳经济下,其发展需要的支撑要素有:技术支撑、法律法规支撑、评价支撑、经济政策支撑、宣传教育支撑、产业支撑等,但是高碳经济的支撑要素和低碳经济的支撑要素在内涵上有一定变化。如在高碳经济的宣传教育体系,对于经济发展的认识是:只要是发展就是好的,发展好过不发展,发展快好过发展慢,在这种观念下,人们消耗大量的资源、能源换取 GDP 的增长,增长是以环境恶化、资源消费为代价的,最终形成了"高增长、高投入、高消耗、高污染"的发展模式;高碳经济发展理念是追求经济的增长,追求生活的享受,经济的增长以能源生态环境为代价的;高碳经济下的技术支撑作用是开发更多资源,促使生产的边界向外扩张,技术的研发、应用、推广的主要目的是为促进经济的增长;高碳经济产业的发展是高能耗、高污染、低收益的。经济政策主要是服务于对经济推动较大的产业。评价支撑的主要评价是以经济发展,以 GDP 增长为主要的衡量标准,忽视生态环境、资源保护等方面。低碳经济下的支撑要素和高碳经济下的支撑要素在内涵上明显存在差异。

## 第一节　支撑要素的概述

### 一、低碳经济的产业支撑

低碳经济是一个很大的范畴,产业是其核心,其中包括了工业节能、交通节能、建筑节能、森林碳汇产业等内容。发展低碳经济、实现产业的低碳化、减碳化、无碳化,其主要载体是低碳经济产业体系,具体而言包含三个方面:①传统高碳产业低碳发展,通过技术进步和技术创新,引导生产中减少污染排放和能耗,促进节能减排,促进产业低碳化发展;②发展无碳产业,即新能源产业发展,在使用新能源这一环节中不产生污染,通过发展新能源产业,减少温室气体排放,保护环境,发展新能源产业,带动了上下游产业的发展,延伸了产业链条,提高产业之间的关联度,促进经济发展;发展新能源,促使能源结构多元化,保障了我国的能源安全;③大力发展森林碳汇,通过发展森林、林业吸收并储存温室气体,减少大气中的二氧化碳浓度[①]。

发展低碳经济的产业还需加快产业内部的结构优化,加快发展现代服务业、培育新兴服务业,加快金融、保险、文化创意等产业的发展,全面提升传统服务业。逐步减少第二产业的比重;优先发展高新技术、高效益、低污染、低能耗"两高两低"产业,降低碳排放强度,实现节能减排[②]。

## 二、低碳经济的技术支撑

低碳经济的技术涉及电力、交通、建筑、冶金工业、化工工业、石油化工等部门以及在可再生能源以及新能源、清洁能源、煤的清洁高效利用、油气资源和煤层气的勘探开发、二氧化碳捕获与埋存等领域开发的有效控制温室气体排放的新技术[③]。

低碳经济的技术支撑作用表现在:通过发展低碳技术,提高能源的使用效率,在一定程度上缓解资源的稀缺性,通过最低的资源消耗获得最大的产出;通过技术创新,开发新能源,替代化石资源等高碳能源,从而促使生产的可能性边界向外扩张,提高产出;通过发展低碳技术,优化经济结构,促进由高碳产业向高加工度、高附加值产业转型,如发展环保型产业、服务业;通过发展低

---

① 段新军等. 黑龙江林业的发展应该关注森林碳汇问题[J]. 林业科技情报,2006(4).

② 张桃林. 实施节能减排科技支撑行动 促进经济社会又好又快发展[J]. 江苏科技信息,2007(6).

③ 百度百科:低碳技术[EB/OL]. http://baike.baidu.com/view/2970499.htm#sub2970499

碳技术,延伸产业链,创造就业机会,促进社会经济协调发展。

### 三、低碳经济的宣传教育支撑

加强低碳经济的宣传教育,普及低碳理念,促使低碳理念、观念深入民心,以此改变人们的生产观、消费观、生产行为、消费行为。在低碳经济理念下,人们注重低碳生产,注重环境、资源保护,注重经济发展的质量。生产出的低碳产品从技术的选择、产品的设计、材料的选择包装方式的采用、运输仓储方式的选用、废弃物的处理,一直到产品的消费过程都必须要注意对环境的影响,做到安全、卫生、无公害,有利于资源再生、回收[①];在低碳消费方面,人们改变以往的消费观,改变过去挥霍、奢侈的浪费,倡导低碳消费,选择健康低碳产品,在消费过程中注重对废弃物的处理,避免环境污染,引导消费者转变消费观点,在消费时不仅注重物质消费还要注重精神消费,在消费过程中,注重环保、节约资源和能源,实现可持续的消费[②]。

### 四、低碳经济的法律法规支撑

在经济发展过程中,必须要建立起法律法规的支撑系统。将原先属于公共产品的环境和资源成本内在化到各个市场交易中去,这是对完全放任的自由市场经济的全方位、系统性进行调控[③],对社会利益格局的重新分配,所以必须要建立起法律法规保障。同时在经济发展的过程中,会出现资源浪费、效率低下、环境污染等情况,这些情况的出现已经无法利用市场这个"无形的手"解决,必须通过国家的法律法规、制度安排来实现外部性的内部化,通过制定法律法规,规范人们的生产行为和消费行为,促使经济正常、良性运行。

---

① 吴红岩. 我国绿色消费问题研究[D]. 东北师范大学,2008.
② 刘杰. 住宅的可持续发展要素研究[D]. 东南大学,2008.
③ 于宏源. 低碳经济:人类社会共同的发展方向[J]. 绿叶,2009(1).

### 五、低碳经济的经济政策支撑

在低碳经济发展的过程中需要制定经济政策,为低碳经济发展提供良好的经济政策环境,促进产业和技术发展。低碳经济的经济政策主要包括财政政策、金融政策、产业政策。

财政政策:财政支持有效促进低碳经济发展,在财政预算中,形成稳定、多元化的资金投入,保障低碳经济发展的资金来源;建立财政预算支持低碳发展的长效机制,有效促进低碳经济发展[①];加大对低碳经济发展的技术研发投入,促进能源资源高效利用、促进节能减排;加大对重点产业的支持力度,推动产业结构优化和调整;加大中央政府的财政转移支付力度,支持欠发达、落后地区发展低碳经济发展;加大对低碳经济发展专项资金支持力度,确保低碳经济发展专项资金合理增长;在低碳发展中,针对不同地区、不同行业、不同企业实行不同的财政政策,如对使用低碳工艺、低碳流程、低碳技术的企业给予银行优惠贷款,给予环保产品、低碳产品财政补贴,扩大低碳产品、环保产品的市场份额,支持其产品地推广,引导低碳经济发展。

金融政策:发展碳金融,为低碳经济发展投资大量的资金,解决发展中存在的技术障碍、管理障碍,消除低碳发展的融资障碍;建立碳交易市场,并发展由此衍生出期权期货、碳排放信用、碳排放证券等金融工具,降低节能减排项目建设不确定性带来的经营风险等;低碳金融也将促进银行、保险公司和交易所等金融机构的发展。

产业政策:产业政策分为产业结构政策、产业组织政策、产业布局政策、产业技术政策[②]。产业结构政策是促进产业结构的合理化和高级化[③],促使节能减排产业、新能源产业等产业比例合适,结构合理;产业组织政策是为实现产业内部以及企业之间资

---

① 任丽娟. 合理运用财税政策 促进低碳经济发展[J]. 北方经济,2010(8).
② 百度百科:产业政策[EB/OL]. http://baike.baidu.com/view/126536.htm#sub126536
③ 百度百科:产业结构政策[EB/OL]. http://baike.baidu.com/view/721414.htm#sub721414

源的合理配置,促进生产企业的规模扩大,产生集聚效应和规模效应①;产业布局政策是促进产业空间分布和组合合理化而制定的政策,主要是发挥低碳园区的作用,实现园区模式合理、定位明确、功能健全低碳园区;产业技术政策促进低碳技术的研发和使用,促进技术推动经济发展。

### 六、低碳经济的评估支撑

建立低碳经济评估体系,使得低碳经济有考核的指标,可以被量化,对低碳经济的发展现状进行评估,评价低碳经济的发展质量;建立低碳经济的评估支撑体系,可以对现有的经济发展状况进行准确的监测,反映不同区域低碳经济的发展情况,描述不同阶段的发展动态,使经济的低碳化程度获得准确评价和监测;建立低碳经济的评估体系,对经济社会的可持续发展具有导向作用,根据有限设定的标准对经济进行评估,可以从中找出差距和薄弱的环节,并及时分析原因,发现问题,适时做出调整;利用预测手段制定本区域的发展战略规划,以进行有效的宏观管理,引导当地政府完成其自身的发展规划和目标,具有一定的导向作用。②

## 第二节 发展低碳经济核心支撑体系

核心支撑体系是发展低碳经济最关键部分。低碳经济核心支撑体系,是以低碳经济的产业支撑为中心,技术是促进产业发展的内在驱动,经济政策是促进技术和产业发展的外在动力,为发展产业和技术提供经济环境,促进低碳经济的良性发展。

① 郭曦.刍议循环经济与产业政策[J].发展,2007(1).
② 李晓燕,邓玲.城市低碳经济综合评价探索——以直辖市为例[J].现代经济探讨,2010(2).

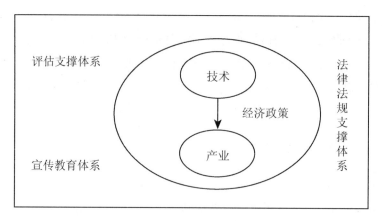

图 3-1　低碳经济支撑体系图

## 一、产业是发展低碳经济的核心要素

低碳经济的产业是发展低碳经济的核心,根据产业在生产或者使用过程中能否减碳,将产业分为减碳产业、无碳产业、去碳产业。减碳产业是在生产的过程中消耗能源、排放温室气体的产业,包括农业、工业、交通运输业等部门,本文考虑数据可得性,将农业、工业、建筑业、旅游业等产业归为减碳产业;无碳产业,在使用的过程中无需消耗能源、不产生温室气体的产业,本文主要是针对新能源产业;去碳产业是指能有效的减少温室气体的产业,在本文中主要是森林碳汇产业。减碳产业通过技术进步等方式,减少能源消耗,促进低碳发展;无碳产业在发展中不产生污染,促进经济发展;去碳产业有效地减少大气中温室气体含量,减缓气候恶化,促进低碳经济发展。

## 二、技术是发展低碳经济的内生驱动

技术是作用于产业的内生驱动,它作用于生产的全过程。根据科技部对低碳技术的分类,将技术分为减碳技术、无碳技术、去碳技术。

减碳技术主要是针对减碳产业所使用的技术,通过使用新材料、新能源,从源头预防废弃物的排放和减少环境污染,达到节约资源能源、改善生态环境的目的,实现源头的低碳化;在生产的过程中,使用新工艺、新流程,减少能耗污染,实现生产过程的低碳化,在生产的末端,利用先进技术,进行末端处理,使得能源、资源的废物再利用,使得废物排放最少,实现了末端生产低碳化。

无碳技术主要是针对新能源产业,攻克风电、太阳能、水电、地热、生物质燃料等可再生能源与非化石能源技术难关,使用新能源,不产生污染,有效保护环境。

去碳技术主要是碳回收与储藏技术,增加碳汇等,通过增加碳汇来减少大气中温室气体的浓度,有效遏制气候变暖。

### 三、经济政策是发展低碳经济的外在动力

低碳经济政策则是发展低碳经济的技术和产业的外在动力。本文从宏观经济政策考虑,选择了财政政策、产业政策、金融政策分析,财政政策从两方面促进低碳发展,一是促进低碳经济发展的财政政策,对市场主体进行能效投资,对发展低碳相关技术进行相关的财政补贴,税收减免、预算拨款等促进低碳产业、低碳相关技术的进步,从而有效地促进低碳经济的发展。二是抑制高碳生产、消费的财政政策,通过征收能源税、碳税等提高生产者或者消费者的资源使用成本,刺激节能减排。

产业政策从四个方面促进低碳经济发展,一是通过制定产业结构政策促进高碳产业节能减排,促进无碳产业、去碳产业发展,优化产业结构,促使产业由高碳向低碳、无碳发展;二是通过制定产业组织政策,促进企业壮大发展规模,产生集聚效应和规模效应,提高生产效率;三是通过制定产业布局政策,促进企业向园区集中,促进区内企业资源共享,减少能耗;四是通过制定产业技术政策,促进技术创新和进步,发挥技术对经济的增长作用。

碳金融从三个方面促进低碳经济发展,一是通过发展碳金融为研发企业筹集科研资金,解决资金缺口难题;二是通过发展碳金融进行风险管理,降低低碳研发企业的风险;三是通过碳金融可以促进企业生产升级,碳金融对高碳生产的企业进行约束,对

于高耗能、高污染、高排放的生产企业提高贷款的利率,对于低碳生产企业在购买低碳技术、低碳设备提供资金支持、政策优惠等,促进生产企业使用低碳生产技术,促进了产品的升级。另外碳金融可以发挥资源配置的功能,引导消费者进行低碳消费,间接的引导生产,促进产品升级。

## 第三节　发展低碳经济外围支撑体系

法律法规支撑体系为低碳经济发展提供保障,宣传教育支撑体系则为发展低碳经济创造了社会环境,加深民众的低碳理念、规范行为,形成良好的社会氛围;低碳经济的评估体系则是评估整个社会的低碳发展状况,指导低碳经济发展,促进经济良性发展。

### 一、法律法规保障低碳经济发展

从世界各国发展低碳经济的轨迹中,看出法律法规都起着保障低碳经济发展的作用:通过制定法律法规,确定低碳经济发展道路;通过法律法规的制定和制度的创新变革保证低碳经济发展的项目顺利实施,引领企业等主体的低碳改革。目前,我国的低碳经济发展处于起步阶段,法律法规的制定尚不完善,实施主体、实施内容、实施力度还要加强和完善。在发展低碳经济的过程中,法律法规主要从两个方面着手促进低碳发展:①制定法律法规促进节能减排,降低能耗污染、减少污染物排放,保护环境;②制定促进新能源、绿色清洁能源的法律法规,壮大绿色产业、绿色能源产业发展。通过法律法规保障低碳经济发展。

### 二、宣传教育培养低碳发展意识

采取多种渠道,加大宣传教育力度,扩大宣传教育的覆盖面,树立低碳发展理念,营造促进低碳经济发展的氛围。通过讲座、培训等方式加强政府部门的低碳发展的教育,因地制宜开展有关低碳经济发展的知识竞赛,树立政府低碳发展意识,加强政府对低碳发展的重视度,并将低碳发展纳入政府政绩考核中;通过学校教育、课本教育,树立学生的低碳生活理念,从日常的生活中节约能源,并通过学生低碳教育进一步影响家长,促进家长的低碳生活、低碳资源、低碳旅游、低碳消费等;通过教育,引导企业进行低碳生产,促进企业引进先进的设备、技术、人才等进行低碳生产,节能减排。通过政府、学校、企业、居民等全方位的参与,促进全社会的低碳发展。

### 三、评估机制检验低碳经济发展成效

建立低碳经济评估机制,首先政府或者科研机构要建立一套可行的评估体系,通过对经济发展水平、低碳技术水平、低碳社会水平等多方面进行综合评价,评估低碳经济的发展的水平和质量;在评价经济发展时,要注重系统性、可操作性、目标性、科学性、可比性等原则。通过评估机制,提高政府对低碳发展的重视,提高政府发展低碳经济的责任心;通过评估机制提高政府管理的科学性,及时纠正发展中存在的问题,及时调整战略方针,有效支撑低碳经济发展。

# 第四章　低碳经济的产业支撑

我国政府高度重视低碳经济的产业支撑，提出产业要加快转型发展，推进产业结构战略性调整，在转型中延伸产业链条，培育出更多的经济增长点。另外加快发展高新技术产业、新能源产业、高端服务业，给予新兴产业更多的关注和扶持。

## 第一节　我国减碳产业发展

发展减碳产业可以减少能源资源的消耗，减少温室气体的排放；发展减碳产业可以促进资源的可持续发展，促进产业结构的升级，减少能耗污染，有效地促进低碳经济发展。

### 一、我国减碳产业对低碳经济的支撑作用分析

（一）发展减碳产业可以促进资源环境的可持续发展

发展减碳产业要求使用新材料、新能源、新技术、新工艺、新流程，在材料、原料、工艺流程的选择上考虑能源的消耗、环境的污染，这必将改变传统的经济发展模式所带来的环境影响，改变资源浪费的现状。我国每年仅因工业污染造成的经济损失在1000亿元以上[1]，高能耗、高污染的生产模式造成了一系列的生态危机、资源危机、环境危机，严重地损害了子孙后代生存和发展；资源的枯竭还引发了战争。事实上，高碳的生产模式已经危及了我国人口资源环境的协调发展，影响了我国的经济社会的可持续发展，因此我国必须要顺应目前节能减排、国际低碳化的趋

---

① 李京文．中国生态工业发展中的商业运作[J].企业经济，2006(1).

势。当前,可持续发展、生态文明、低碳理念和观念正在为我国学术界、科技界和决策层所接受。大力发展减碳产业应是经济领域落实可持续发展战略、促进低碳经济发展的重要举措。

(二)发展减碳产业可以促进产业结构的优化升级

发展减碳产业符合国际金融危机下产业发展的需要,缓解对能源、资源的需求压力,符合国际上所提出的低碳经济、可持续发展的需要。发展减碳产业实质上就是产业和产业之间,产业内部的优化升级。在产业之间是实现由高碳产业向低碳、无碳产业的转化,在减碳产业的内部实现了优化升级,以建筑业的节能减排发展为例,建筑业的节能减排发展必然会带动整个相关产业链的发展,促进钢铁、光伏光电产业、地热、材料等产业升级,优化了产业内部结构。旅游业的节能减排发展会带动餐饮业、交通业等产业结构的升级,优化服务业内部结构。

(三)发展减碳产业可以促进社会就业

发展减碳产业主要是利用去碳技术、减碳技术、信息化技术等支撑其发展,这必将促使企业加大相关技术的引进,加大自主开发的力度,推动企业甚至整个经济科技水平的提升,同时延伸了相关的产业链,必然会产生更多的工作岗位,创造新的就业机会,促进社会就业。

**二、我国减碳产业能耗评价[①]**

产业的发展与经济的增长、能源的消耗、碳排放紧密的联系在一起,能源消耗量与碳排放量成一定比例,消耗一千克的标准煤相当于排放 2.493 千克的二氧化碳。研究减碳产业能源消耗与经济增长的关系分析,等同于间接研究减碳产业和碳排放之间的关系,探索其中的规律,可以为减碳产业未来发展方向提供导向。

---

① 李晓燕.中国能源消费与经济增长的灰色关联分析[J].重庆大学学报,2010(5).

（一）方法介绍——灰色关联分析方法

1982 年邓聚龙教授创立了灰色系统理论，灰色系统理论已经被经济、数学等各个学科广泛的使用。其原理是：对于两个系统之间的因素，其随着时间、对象的不同而变化的关联性大小的度量，称为关联度[①]。在系统变化过程中，若两个因素变化的趋势具有一致性或者较强的同步性，表明两者之间关联程度较高，若两者之间的同步变化趋势较低，表明两者之间的关联度较低。因此，灰色关联度分析为度量一个系统发展变化态势提供了方法[②]。

使用灰色关联度法有其特殊的优点：不需要大容量的样本，对样本分布没有特殊的要求，比较适用于动态历程分析。由于我国能源统计口径的有限性及结构突变的影响，考虑到现有的统计数据灰色度较大，使用灰色关联分析在一定程度上可以弥补现有统计以及计量分析方法的缺陷。使用灰色系统关联分析方法的具体计算步骤如下：

（1）确定反映系统的行为特征的参考数列和影响系统行为的比较数列。可以设参考数列为 $x_0$，比较数列为 $x_i^{③}$，$i=1,2,3,\cdots,N$，且 $x_0=\{x_0(1),x_0(2),\cdots,x_0(n)\}$ $x_i=\{x_i(1),x_i(2),\cdots,x_i(n)\}$ $i=1,2,3,\cdots,N$。

（2）对参考数列和比较数列进行无量纲化处理：

由于整个系统中各因素的物理意义不同，导致数据的量纲不同，数据量纲不同则无法进行比较，或者在比较的时候难以得到准确的结论。因此在使用灰色关联度分析时，首先需要对数据无量纲化的数据进行处理，以便于数据分析，本文采用如下的方法进行无量化处理[④]：

① 刘思峰，党耀国，方志耕．灰色系统理论及应用[M]．北京：科学出版社，2004．

② 杨彦明，陈浩，李志峰，张胜．不同品种油菜对内蒙古中部地区适应性的灰色分析[J]．现代农业，2010(3)．

③ 李虹来，勒中坚．灰色关联分析在农业现代化评价体系中的应用[J]．江西财经大学学报，2007(1)．

④ 杨琪，金梅．我国职业技术教育规模结构效益分析[J]．兰州学刊，2010(9)．

$$\{x_0(k)=x_i(1)/x_i(1); x_i(2)/x_i(1); xi(3)/xi(1); xi(4)/xi(1)\cdots\cdots\}$$

（3）求参考数列与比较数列的灰色关联系数 $\xi_i(K)$。

关联程度可以看成是曲线之间的几何形状的差别程度。因此，可以将曲线间差值大小作为关联程度的衡量尺度。对于一个参考数列 $X_0$ 有若干个比较数列 $X_1, X_2, \cdots, X_n$，各比较数列与参考数列在各个时刻（即曲线中的各点）的关联系数 $\xi(K)$ 可由下列公式算出[1]：

$$\xi_i(K)=\frac{\underset{i}{\max}\underset{k}{\max}|x_0(k)-x_i(k)|+\rho \underset{i}{\max}\underset{k}{\max}|x_0(k)-x_i(k)|}{|x_0(k)-x_i(k)|+\rho \underset{i}{\max}\underset{k}{\max}|x_0(k)-x_i(k)|}$$

为曲线 $x_0, x_i$ 求参考在第 $k$ 点的关联系数，上式中为第 $K$ 点 $x_0$ 与 $x_i$ 的绝对差。$\underset{i}{\max}\underset{k}{\max}|x_0(k)-x_i(k)|$ 表示为两级最小差，$\underset{k}{\max}|x_0(k)-x_i(k)|$ 代表着第一级中的最小差，这个表示在第 $x_i$ 曲线上，找各点与 $x_0$ 的最小差，$\underset{i}{\max}\underset{k}{\max}|x_0(k)-x_i(k)|$ 是第二级最小差，代表着在各条曲线中找出了的最小差基础上，再按 $i=1, i=2, \cdots,$ $i=N$，找所有曲线 $x_i$ 中的最小差；$\underset{i}{\max}\underset{k}{\max}|x_0(k)-x_i(k)|$ 表示为两个数值最大差，它代表的意义和最小差相似[2]。

$\rho$ 是分辨系数，$0<\rho<1$。在本文中由于数据相差较大，所以取 $\rho=0.3$。

（4）求关联度 $P$。

关联系数是比较数列与参考数列在各个时刻的（即曲线中的各点）的关联程度值，所以，它的数值有多个，由于信息过于分散不便于进行整体性的比较。因此，有必要将各个时刻的关联系数集中于一个值，即平均值，用平均值作为比较数列与参考数列间关联程度的数量表示[3]：

---

① 杨琪，金梅. 我国职业技术教育规模结构效益分析[J]. 兰州学刊，2010(9).

② 杨彦明，陈浩，李志峰，张胜. 不同品种油菜对内蒙古中部地区适应性的灰色分析[J]. 现代农业，2010(3).

③ 李虹来，勒中坚. 灰色关联分析在农业现代化评价体系中的应用[J]. 江西财经大学学报，2007(1).

$$P = \frac{1}{n} \sum_{k-1}^{n} \xi_i(k)$$

$P$ 数值越接近 1,说明关联度越大。

（二）模型建立

**1. 模型建立、指标选取以及数据来源**

模型 I 对我国主要的减碳产业能源消费总量与经济发展关系进行分析,并选取了美国、日本、德国、巴西、印度等国家进行国家间减碳产业能源消费与经济发展关联度进行比较分析;选择我国 1997—2007 年的相关数据,对主要减碳产业能源消费总量与经济增长的关系进行分析。参考数列 $x_0$ 为 GDP,$x_1$ 为能源消费总量;并用同样的方法分析美国、德国、日本、印度、巴西主要减碳产业能源消费总量与经济增长的关联度进行分析,以进行该关系的国际比较。

模型 II 对减碳产业具体产业的能源消费与经济增长的关系进行分析,根据数据的可获得性,选取了五大行业——农业、工业、建筑业、批发零售贸易餐饮业、交通运输仓储业。其中 $x_0$ 表示 GDP,$x_1$ 代表农业的能源消费,$x_2$ 代表工业的能源消费,$x_3$ 代表建筑业,$x_4$ 代表交通运输仓储业,$x_5$ 代表批发零售贸易餐饮。

**2. 计算结果**

根据灰色关联理论和模型,以及中国统计年鉴、世界能源统计年鉴的数据,对数据进行无量纲处理,然后运用公式（3）进行关联系数计算,计算的结果见表 4-1,关联度见表 4-2,计算数值反映了能源的消费与经济的密切关系。

表 4-1　世界部分国家能源消费的关联系数

| 印度 | 巴西 | 美国 | 德国 | 中国 | 日本 |
|------|------|------|------|------|------|
| 1.000 | 1.000 | 1.000 | 1.000 | 1.000 | 0.561 |
| 0.862 | 0.911 | 0.883 | 0.320 | 0.928 | 0.382 |

续表

| 印度 | 巴西 | 美国 | 德国 | 中国 | 日本 |
|------|------|------|------|------|------|
| 0.854 | 0.730 | 0.767 | 0.323 | 0.690 | 0.933 |
| 0.795 | 0.687 | 0.692 | 0.316 | 0.628 | 1.000 |
| 0.674 | 0.495 | 0.628 | 0.338 | 0.699 | 0.421 |
| 0.584 | 0.403 | 0.550 | 0.338 | 0.675 | 0.363 |
| 0.532 | 0.334 | 0.481 | 0.350 | 0.618 | 0.282 |
| 0.450 | 0.296 | 0.415 | 0.376 | 0.361 | 0.232 |
| 0.371 | 0.231 | 0.359 | 0.380 | 0.304 | 0.276 |
| 0.269 | 0.257 | 0.335 | 0.537 | 0.303 | 0.397 |

表 4-2　能源消费的关联系数

| 能源消费产业 | | | | |
|------|------|------|------|------|
| $\xi 1$ | $\xi 2$ | $\xi 3$ | $\xi 4$ | $\xi 5$ |
| 1 | 1 | 0.495 | 0.985 | 0.989 |
| 0.912 | 0.830 | 1 | 0.688 | 0.839 |
| 0.810 | 0.739 | 0.329 | 0.7268 | 0.941 |
| 0.716 | 0.597 | 0.682 | 0.9578 | 0.753 |
| 0.650 | 0.571 | 0.691 | 0.8248 | 0.725 |
| 0.5464 | 0.557 | 0.587 | 0.9448 | 1 |
| 0.492 | 0.518 | 0.268 | 1 | 0.950 |
| 0.412 | 0.456 | 0.324 | 0.615 | 0.480 |
| 0.345 | 0.384 | 0.374 | 0.4295 | 0.349 |
| 0.269 | 0.307 | 0.536 | 0.271 | 0.231 |

表 4-3　能源消费的关联度

| 模型 I | 模型 II |
|------|------|
| 指标关联度 | 指标关联度 |
| 中国 0.621 | 农林牧水利业 0.615 |

| 模型 I | 模型 II |
|---|---|
| 印度 0.639 | 工业 0.596 |
| 巴西 0.535 | 建筑业 0.529 |
| 美国 0.611 | 交通运输仓储业 0.744 |
| 德国 0.428 | 批发零售贸易餐饮业 0.726 |
| 日本 0.485 | |

（三）结果分析

根据指标间关联度分类原则：$0 < \rho < 0.35$ 为弱关联、$0.35 < \rho < 0.65$ 为中度关联、$0.65 < \rho < 1$ 为强关联，从表 4-2 可以看出：交通运输仓储业、批发零售贸易餐饮能耗与经济增长的关联度属于强关联度。而农业、工业、建筑业的能耗与经济增长的关联度只是中度关联。目前国家间的能源消费总量与经济增长的关联度存在差异，我国产业内部的能源消费与经济增长的关联度也存在着一定的差异。可以发现，我国主要的去碳产业的能源消费存在着以下问题。

**1. 经济增长依赖于能源消费总量，能源利用效率较低下**

表 4-3 的第一列显示：中国的能源消费总量与经济增长是强相关度，意味着中国能耗在经济增长中贡献率很大，表明中国经济的增长主要是通过高能耗、高投入获得的，可以预测随着经济的快速增长，能源消费总量将进一步加大，这必将给能源供应造成巨大的压力；同时，通过我国的能源消费与经济增长关联度与美国、德国、日本、印度、巴西的能源消费与经济增长关联度进行比较得出：中国的能源利用效率不仅远远低于发达国家，也低于一些发展中国家，能源利用效率低下，能源利用没有很好地促进经济增长，这与我国目前的经济实力、科技实力、发展能力和国际地位是很不相称的。因此，提高我国的能源利用效率成为当

务之急。

**2. 我国产业消费结构不合理,工业消费比重太高**

表 4-3 的第二列显示,我国的交通运输仓储业消耗能源量对经济增长的关联度最大为 0.744,其次是批发零售贸易餐饮,两者的关联度均属于强关联;农业为 0.615、工业为 0.596、建筑业为 0.529,三者属于中等关联。交通运输仓储业能源消费量和批发零售业消耗能源量不大,但是交通运输仓储业能源消费量和批发零售业能源对经济的关联度很大,说明交通运输仓储业能源消费量和批发零售业的低碳效益好,工业和建筑业能耗总和已经占总能源消耗的百分之七十多,尤其是我国的工业消费能源量巨大,但工业能耗对经济增长的关联度却只是中度关联,农业能耗对经济增长的关联度介于交通运输仓储业能源消费量和批发零售业及第二产业之间。从消费量说明了我国的产业消费结构还不合理。具体图示见图 4-1:

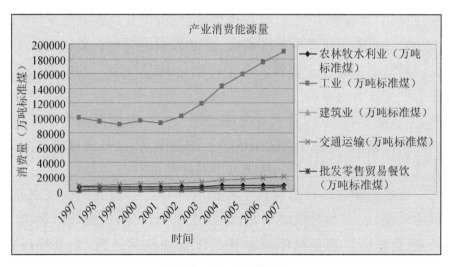

图 4-1　产业消费能源量

**三、我国减碳产业未来发展方向**

我国与其他国家能耗效率的比较显示我国能耗效率低下,必须要加强节能减排的宣传力度,牢牢树立生态文明的理念,通过制定法律法规、实施细则与执行标准,明确各行业的节能目标,降低物耗能耗,提高利用效率。另外,我国需要调整减碳产业未来发展方向:加大发展低碳农业,优化第二产业内部结构,巩固优化服务业发展。

## (一)加快发展低碳农业

我国农业的能源消费弹性系数是 0.16(能源消费弹性系数是能源消费量年平均增长速度与国民经济年平均增长速度比值),我国农业消耗能源量大约占到了总能耗的 4%,但是农业所创造的国民生产总值却占到了总量的 17%。[①] 究其原因是我国农业发展比较落后。我国农业目前属于劳动密集型产业,机械化、现代化水平低下,所以耗能相对较少。但从长远发展看,要重视发展农业,因为我国是农业大国,约有 9 亿农民,所以农业的落后必将是制约我国国民经济长远发展的障碍之一;从能源消耗的角度来看,我国的发展潜力巨大,要加快发展农业,尤其是低碳农业。

低碳农业不仅是生态的概念,更是发展的概念。低碳农业是以一种低碳化的方式获得农业生产的可持续发展。发展低碳农业不仅仅具有农业本身的生产功能、安全保障功能、气候调节功能、生态涵养功能,还有农业金融功能——即发展低碳农业所减少的碳排放量,可以在碳金融市场上进行交易,既节能减排,保护大气、生态环境,还能为农民带来不菲的经济收益。

发展低碳农业可以从以下方面着手:第一,加强低碳农业意识的普及,通过加强低碳文化、低碳农业的宣传,促使政府部门、民众、企业认识到发展低碳农业的重要性和紧迫性、必要性;第二,发展农业科技,政府加大财政投入对农业科技的支持力度,拓宽资金来源渠道;建设标准粮田,推广立体种养模式和有机废物多级综合利用模式,提高耕地农业综合生产能力,充实基层农技

---

① 彭志龙. 能源消费与 GDP 增长关系研究[J]. 统计研究,2007(7).

推广队伍,实施利益诱导的方式引导农业科技人才到偏远或欠发达地区,以调整和优化农业科技人才的布局和结构;第三,建立农业碳交易机构和机制,可考虑建立气候交易所,建议设立专门的工作机构,协调相关部门,制定工作日程,做好与国家气候专管部门、国家气候交易部门的协调沟通工作,充分掌握信息;建立碳排放交易准则,评估指标、碳信用计算方法,规范碳排放权交易等。

(二)加快工业产业结构调整

我国工业能源消费量最大,是主要的能源消费产业,工业能源的消费量占能源总量比重高达到70%,尤其是电力、钢铁、冶炼、建材、化工、石油加工等产业,高能耗、高污染产业增长过快给节能减排带来了巨大的压力。工业已经成为能源消费的主体产业,但是工业能耗对经济增长的关联度只是中等关联度。因此要加大对工业为主的能源消费调控,注重工业内部的结构调整,加大工业生产技术创新,引导产业结构向低能耗、低污染方向发展;要严格控制高耗能产业的过快发展,坚决淘汰落后,高能耗、低效益的工业;要继续贯彻国家的节能环保的产业政策,依照节能环保的产业标准,严格控制能耗,依法关闭产能落后的企业,推进钢铁、化工、电力等高耗能行业的企业重组,支持鼓励优势企业做强、做大,提高行业的整体技术水平,提高行业的产业集中度,提高资源的配置效率,促使产业的规模效应和集聚效应;要发展战略性新兴产业——航空航天、电子信息生物医药、生物育种、新材料、海洋工程、节能环保和新能源汽车,由于战略性新兴产业代表着科技创新的方向和产业创新的方向,是现代科技和现代产业交叉融合点,已经成为推动经济社会变革的重要力量,成为促进经济发展的新动力、新支点。通过加大对新兴产业资金、政策支持、促进战略性新兴产业核心技术的研发,打造一批具有国际竞争力的战略性新兴产业基地、发挥其集聚效应和规模效应,有效推动战略性新兴产业的发展。

### （三）加快服务业发展

交通运输仓储业、批发零售贸易餐饮能源消耗少，而交通运输仓储业、批发零售贸易餐饮能耗与经济增长的关联度大，说明交通运输仓储业、批发零售贸易餐饮的低碳效益好，所以要改造传统的交通运输仓储业、批发零售贸易餐饮，提高其在国民经济中的比重。

**1. 针对传统的交通运输业**

建议从国家层面制定交通运输业的整体规划，明确交通运输业的节能减排具体目标；大力发展公共交通，提升公共交通服务水平，减少私人交通工具的使用，选择节能环保的出行方式；发展多式联运，构建立体、节约、综合型的运输体系，提高交通系统运行效率；鼓励交通工具使用新能源、清洁能源燃料，降低能耗污染。通过上述手段有效促进交通运输业的发展。

**2. 针对传统的商贸业**

首先要明确减排目标，落实减排具体责任人；其次建立商贸业节能减排的办公机构，具体落实和分解节能减排指标，促使减排工作具有可操作性；再次规定商贸企业使用设备节能、办公节能、包装节能等，开展商贸业全方位的节能；最后建议发展连锁经营、网络交易等流动形式和服务方式，以改造传统的商贸业。

**3. 针对餐饮业**

倡导餐饮业的健康低碳消费，拒绝奢侈浪费行为；加大餐饮业的科技含量，加快食品安全控制等方面的技术研发；加强餐饮业的节能减排，引进餐饮业等先进的设备，促进节能减排；改善其他的配套设施和服务设施，促进餐饮业新发展。

对于整个服务业而言，要进行整个服务业的结构调整和优化。首先要加快发展高端服务业，重点发展以文化、创意、动漫、设计、金融等新兴服务业和节能型服务业等，形成新的经济增长点；其次要优化现代服务业的企业组织结构，重点培育有竞争力的企业，促进现代企业联合、重组，形成品牌效应；最后发展服务业集聚中心，着力引进大型的研发中心、采购中心、总部中心，构建服务业集聚中心，发挥其集聚作用和带动作用。

# 第二节　我国无碳产业发展

无碳产业在论文的研究中主要是新能源产业。新能源的各种形式是直接或者间接来源于太阳或者是地球内部所产生的热能，包括太阳能、风能、生物质能、地热能、核聚变能、水能和海洋能以及由可再生能源衍生出来的生物燃料和氢所产生的能量[①]。新能源产业是生产新能源产品和提供新能源的研发和投资等活动的集合体，是低碳经济中产业发展的重要方面。

## 一、新能源产业对低碳经济的支撑作用分析

能源是人类生存和发展的基础，能源的可持续发展支撑着经济社会的发展，随着经济社会的发展，能源匮乏已经制约了社会的发展，因此要加快新能源产业的发展，解缓传统能源对经济社会发展的束缚，保障能源安全，实现能源的可持续发展。新能源是经济发展新的增长点，促进经济又好又快发展。

### （一）发展新能源产业解决能源危机

发展新能源能解决目前的能源危机。我国新能源资源非常丰富：有关部门的统计显示，即使在我国的农村，都蕴含丰富的新能源，我国农业和林业剩余物（包含农作物秸秆、果树剪枝、薪材等）每年可以提供的固体能源资料约有 6 亿～7 亿吨，所含能量相当于 3 亿～3.5 亿吨标准煤[②]。另外，我国还存在着丰富的太阳

---

① 谢晶仁. 对我国新能源产业发展的理性探析[J]. 湖南涉外经济学院学报,2010(6).
② 农村新能源产业前景广阔[N]. 金融时报,2009－09－03.

能、地热能、风能和水能等能源,通过技术研发或者国际投资开发新能源;而传统的石油、煤炭能源可采量有限。发展新能源补充传统的能源,解决能源枯竭问题;同时,新能源对环境污染小,且大多数新能源资源分布均衡,使用方便,发展新能源能解决目前能源环境危机。

(二)发展新能源产业应对环境危机

我国经济社会发展长期依赖于化石能源,尤其是煤炭资源,经济社会发展高度依赖于高碳能源,在经济发展的过程中,消耗了大量化石能源,导致我国的温室气体的排放量仅次于美国,成为世界第二大二氧化碳排放国;同时,我国现阶段处于工业化、城市化的发展阶段,能源消耗将继续加大,面临的温室气体的减排压力也将越来越大。发展新能源产业,产生能量高,环境污染小,大大减少温室气体的排放,有效地减缓我国温室气体排放总量增长的压力,能够应对气候危机。

(三)新能源产业成为新的经济增长点

新能源产业的发展将引起电力、通信、建筑房地产、汽车业、新材料行业等行业的变革,并产生一系列新生的产业,带动相关产业链的发展,可以拉动其上游的诸如光伏组件、多晶硅深加工等一系列加工制造业和资源加工业的发展,可带动电动汽车、智能电网等输送和节能产品的开发、生产等,最终带动经济增长,实现产业的优化升级。新能源产业与环保产业结合在一起可以促进消费、增加投资、稳定出口的结合点,促进能源结构调整,提高产品的竞争力,成为促进经济发展的增长点[①]。

**二、我国发展新能源产业的效应分析**

能源是人类生存和发展的重要物质基础之一,我国是能源消

---

① 张子健. 史诗般的能源新局[J]. 新经济导刊,2009(7).

耗大国,随着我国能源消费的快速增长,经济社会可持续发展对环境要求的不断提高,现有的石油等常规能源由于受到基础容量的限制和环境容量的限制,将最终退出能源消费市场[1]。清洁、无污染的新能源必将占领能源市场,我国发展新能源产业有其相应的产业效应。

(一)新能源产业能源安全效应分析

我国是世界上居后于美国的第二大能源消费大国,2010 年我国一次能源消费量为 32.5 亿吨标准煤,同比 2009 年增长了 6%,能源供需矛盾随着经济快速发展而日益加剧,我国对部分能源进口的依赖度加深,能源的紧缺已经成为制约经济增长目标实现的一大瓶颈,能源安全问题受到严峻考验。我国的能源消费以煤炭高碳消费为主,因为煤炭是不可再生资源,而以煤消费为主的能源消费结构必然会引发能源安全系数下降,对煤炭的高度依赖会影响经济社会的可持续发展。而发展新能源产业,可节约传统高碳能源消耗,促使能源结构多元化,发展新能源有利于降低我国进口能源的依赖度,保证了经济社会的可持续发展对能源的内在需求,确保了我国的能源安全。

(二)新能源产业的经济效应分析

传统能源产业主要是以煤炭为主的,因煤炭中含有碳、硫等元素,容易产生二氧化碳、二氧化硫等污染性气体,导致我国较为严重的环境问题,在煤炭的使用中,需要强化清洁生产,导致我国使用煤炭的成本较高,因此研发和使用新能源可避免使用煤炭能源所需要的清洁生产成本,降低使用成本;另外新能源产业是技术、资金密集型的产业,涉及产业众多,发展新能源产业还能延伸相关的产业链,带动上游、中游、下游三环节其他产业的发展[2],提升产品质量。如发展新能源产业能让制造装备业、交通运输业、

---

[1]　刘叶志.海峡两岸新能源开发建设合作机制的构建[J].生产力研究,2008(19).

[2]　文世尧.新能源战略下银行信贷经营策略分析[J].南方金融,2009(10).

技术服务业等都能得到同步发展,形成较大的规模产业集群,对于拉动就业,促进经济增长作用巨大。新能源产业的技术扩散效应、经济乘数效应促使新能源产业能成为未来经济发展的增长点[1]。

### (三)新能源产业的环境效应分析

发展新能源产业的重要特征就是大大减少环境污染或者对环境不产生污染,具有显著的环境效应[2]。新能源在使用的过程中能有效地减少二氧化碳、二氧化硫的排放量,能有效地减少污染物的排放量,有利于环境保护;另外,随着科技不断进步,工艺流程的不断改进,其节能效果将进一步凸显,新能源在使用过程中产业的不利影响,将随着科技进步而逐渐减少或者是消失。如风电噪音,在处理得当的情况下,可大大减少噪音甚至将噪音完全处理掉。

### 三、我国发展新能源产业的基础

我国发展新能源产业有先天优势:新能源自然资源禀赋好,有丰富的太阳能、潮汐能、风能,自然资源基础较好;发展新能源产业在国家政策的大力倾斜和支持下,形成了一定的产业规模,发展迅速。

### (一)新能源资源丰富

太阳能:我国国土面积大,幅员广阔,日照强,太阳能资源尤为丰富。我国陆地表面每年接受的太阳辐射为 $147 \times 108000$ 万千瓦每小时,绝大部分地区的年日照时数超过 $2 \times 10^3$ 小时[3]。我国具有发展、使用、推广太阳能的良好条件。

风力发电:我国风电资源非常丰富,风能总储量约为 $1.6 \times 10^9$

---

① 谭蓉蓉. 新能源与全球金融危机[J]. 天然气工业,2009(9).

② 刘叶志. 新能源产业外部效益及其财政矫正[J]. 科技和产业,2008(9).

③ 我国太阳能资源约等于上万个三峡工程发电量[J]. 中国人口资源与环境,2006(1).

千瓦,位居世界第三位,开发风能前景广阔[①]。风能是一种自然能源,由于受到风的方向及风力大小影响,其经济性和实用性由风车的安装地点、方向、风速等多种因素综合决定[②]。近年来在国家政策的鼓励下,发展风力的积极性提高,风力发展也非常迅速,2008 年底,中国累计风电装机容量跃过 1300 万千瓦大关,达到 $1.324×10^3$ 万千瓦,我国风力发电能力已经位居世界第四,发展迅速[③]。

地热能:地热是指来自地下的热能资源,地热能是天生储存在地下的,不受天气状况的影响,可作为基本负荷能使用,也可根据需要提供使用[④]。我国地热资源丰富,有关专家测算,全国主要沉积盆地距地表 2000 米以内储藏的地热能,相当于 2500 亿吨标准煤热量,目前已有 5500 处地热点,地热田 45 个,地热资源总量约 320 万兆瓦。发展地热能源有助于缓解环境能源紧张的局势。

核能:核聚变可以释放大量的能源,全世界都在重视核能的发展,但是发展核能需要的反应条件非常苛刻(需要上亿度的高温),人类没有完全掌握其发展的技术和能力。我国目前在核能技术方面已经走在世界前列,已经建立发展的新一代超导托卡马克核聚变实验装置,并正式投入使用。我国是国际热核聚变试验堆的参与国,技术的新发展促进核能的发展。

海洋能:海洋能是指蕴藏于海洋中的可再生能源,主要包括潮汐能、波浪能、海流能、海水温差能、海水盐差能等[⑤],其中,潮汐能、海流能和波浪能为机械能,海水温差能为热能,海水盐差能为化学能。我国大陆海岸线长达 18000 多公里,有大小岛屿 6960多个,海岛总面积 6700 平方公里,有人居住的岛屿有 430 多个,海洋能资源丰富;我国对海洋能的开发已经有近 40 年的历史,目

① 齐荣怀. 风光互补电站控制和监测系统的研究[D]. 中国科学技术大学,2009.

② 杨素萍. 我国分散发供电与集中供电协调规划理论及应用研究[D]. 华北电力大学,2008.

③ 刘博. 基于直流电动机的风力机特性模拟试验平台的研究[D]. 电子科技大学,2009.

④ 林丽. 地热能源利用现状及发展前景[J]. 资源与产业,2006(3).

⑤ 熊莺. 我国绿色电力资源的分布和利用状况初探[J]. 中国科技信息,2008(9).

前已经建成潮汐电站 8 座,在浙江、福建等地方积极筹备建设了大中型潮汐电站,为大规模应用的潮汐能发电做前期准备工作。

生物质能:生物质能是指植物叶绿素将太阳能转化为化学能贮存在生物质内部的能量[①]。我国适合大面积、规模化种植林木生物质能树种较多,资源比较丰富,其中刺槐、黑荆树、柠条、沙棘、柽柳等树种适合作为燃料用于发电;文冠果、油桐、石栗树、光皮树、麻风树、黄连木、乌桕等适合用来发开生物柴油[②]。生物质能资源丰富。

可燃冰:可燃冰实际上是在高压低温环境下天然气水合物,主要分布于海洋深处和陆地冻土层中。可燃冰经过燃烧后,只产生少量的二氧化碳和水,对环境污染极小,却释放出巨大的能量,是普通天然气的 2～5 倍,是目前化石能源中最环保的能源。我国目前是世界上第三大冻土国,冻土区总面积高达 215 万平方公里,同时我国掌握了一定的开发可燃冰技术,具有良好的可燃冰资源禀赋条件和技术开发条件,发展前景广阔。

(二)政策支持新能源产业发展

中国政府大力支持新能源产业的发展。首先从出台法律法规予以保障其发展,出台了《中华人民共和国新能源法》《中华人民共和国新能源法实施细则》等法规,保障新能源的研发、利用和推广,并出台相应的配套措施作为补充,给予新能源发展一定税收减免、财政优惠以及补贴等:如针对发展风电、垃圾发电,给予税收减免支持、针对发展生物液体燃料,给予了财政补贴与税收优惠支持,并通过政策、资金支持,大力推动新能源技术产业化[③]。另外,各个部门联合采取相应的措施,推进新能源产业的发展,如财政部提出了对安装与建筑结合的光伏电池给予补贴;财政部、

---

① 杨素萍. 我国分散发供电与集中供电协调规划理论及应用研究[D]. 华北电力大学,2008.

② 冯健. 辽宁发展林木生物质能源的潜力[J]. 辽宁林业科技,2010(2).

③ 王悦. 可再生能源经济激励主要制度研究[D]. 厦门大学,2009.

科技部、住建部、国家能源局联合出台金太阳工程实施方案[①]，给予一定的补助，支持太阳能发电等；国家能源局拟出台新能源发展规划。无论是财政支持力度还是部门重视程度都是前所未有的，凸显了国家对新能源产业发展的重视。通过支持发展，不少地方都已经在积极打造新能源产业基地，广西打造生物能源基地、邢台打造国家级光伏新能源产业基地、杭州打造太阳能等 5 大新能源产业基地等等。

（三）新能源产业发展迅速

我国的新能源产业发展迅速，规模相对较大，体系相对完善。在太阳能产业方面，目前我国已成为太阳能热水器第一生产大国和消费大国[②]。截至 2008 年底，我国太阳能热水器推广面积约 1 亿多平方米，占世界总量的 76%[③]。在太阳能光伏发电方面太阳能电池生产近年来发展速度惊人，引起世界瞩目。2008 年我国光伏产品产量达到 250 万千瓦，占全球总产量的 35%，成为全球光伏产品第一制造大国[④]。2008 年我国的太阳能产业在不利的经济形势下仍保持 30% 的高增长，发展迅猛；核电设备的规模化和国产化取得进展，已经具备每年生产 6~8 台核电设备能力；风电发电能力大幅提升，2008 年底，中国累计风电装机容量跃过 1300 万千瓦大关，达到 $1.32 \times 10^6$ 万千瓦，风力发电能力排名世界第四[⑤]。

**四、新能源产业发展现状分析**

虽然我国的新能源产业发展蓬勃，政府加大了支持的力度，但是新能源发展还是存在一定的问题。

---

① 部委大幅调整金太阳工程实施方案[N]．经济观察网，2010－10－12．

② 唐元．我国新能源产业发展的情况、问题及建议[N]．中国经济社会理事网，2010－02－01．

③ 同上．

④ 刘建中．浅析中国新能源产业的发展现状及传统能源行业的战略选择[J]．经济管理，2010(1)．

⑤ 胡学敏．基于风力发电的风特性模拟系统研究[D]．内蒙古农业大学，2009．

## （一）缺乏整体的发展新能源规划

新能源产业的发展是市场发展客观需求和国家发展客观需要，但是由于发展新能源产业是新兴产业，需要政府加以引导和扶持，促使新能源产业健康发展。我国虽然对部分新能源产业进行规划，但缺乏整体的国家规划，众多能源企业一哄而上，导致了大规模的低水平、重复建设，出现了恶性竞争、产能过剩危机、资源浪费现象等情况。以光伏产业的材料多晶硅为例，2008年中国多晶硅产能2万吨，产量4000吨，在建产能约8万吨，产能已经明显过剩[1]。出现产能过剩的根本原因是缺乏科学规划，导致众多企业一哄而上，产能过剩。

## （二）市场保障机制不健全

我国的新能源发展由于缺乏明确的发展目标，没有形成良性稳定的市场需求，造成了产品的品质参差不齐，影响人们对新能源使用的信心[2]；我国虽然已经逐步认识到发展新能源的重要性，并出台了相应的法律法规和优惠政策，但是没有建立起强制性的市场保障政策，没有形成稳定的市场需求，因此缺少市场持续的拉动力，影响了新能源发展。在目前的新能源市场缺乏相应的质量标准和市场监督监管，导致了市场秩序混乱，阻碍了新能源产业健康、持续的发展。

## （三）缺乏自主创新技术

开发和利用新能源产业发展都需要技术的支撑，但是自主的技术创新不足已经成为新能产业源发展的软肋，我国在新能源产业发展方面只掌握了有限的几个产业技术，核心的技术很多都被外国所掌控，技术依存度很高，主要表现在：核能在技术路线、燃料保障等方面存在问题，要推进AP1000三代核电技术引进消化

---

① 陈颖晖. 多晶硅产能过剩"后遗症"[J]. 中国民营科技与经济，2010(4).
② 王廷康. 美国能源政策的启示及我国新能源发展对策[J]. 西南石油大学学报，2009(4).

再创新工作(注:AP1000 是能够充分保障安全性的未来核电主力机型),加快消化吸收再创新工作,尽快研发出拥有我国自主知识产权的 CAP1400 机型。风力发电存在着风力发电机、叶片关键零部件的发展难题,风电开发成本还比较高,同时由于缺乏研究和开发,不少使用的设备必须要进口,如我国发展风能必须要引进国外的大型风机。缺乏自主创新技术影响了能源产业的商品化、产业化、技术化进程,导致了能源转化效率低,产品附加值低,产品缺少市场竞争力。另外,我国新能源产业高端技术研发人才缺失,在一定程度上限制了新能源产业的发展。

(四)新能源产业发展不均衡

我国新能源产业发展不均衡主要是在三方面表现:产业链不均衡、投资不均衡、城乡不均衡。从整个新能源产业链来看,系统集成技术、薄膜技术、控制器、逆变器、跟踪器等在我国都还是"软肋"。就太阳能光伏产业来说,硅料和电池组件已经蓬勃发展,甚至产生"过剩"趋势,最下游的光伏电站建设、太阳能屋顶也都已经启动,但逆变器等设备的生产还几乎是空白[1],产业链发展不均衡;我国在新能源投资领域上,投资不均衡,对太阳能、风能的投资力度过大,但是对地热、生物质能等领域的投资少,新能源投资发展失衡。新能源的使用城乡不均衡,新能源的使用主要是在城市,而农村相对较少,因为太阳能、风能产业主要是依托钢铁、新材料等工业。从发展的情况看,我国支持太阳能、风能发展,因为此类产业发展能立刻增加地方财政税收,而生物质能对地方财政的拉动效果不明显,因此我国重视发展太阳能。而在中国的农业发展新能源也是有很广阔的远景的,偏远的农业缺少常规的能源设施,太阳能、生物质能的开发和利用更具有现实的意义,能够更好的实现新农村的建设目标[2]。

---

①　产业链宜均衡发展[N]. 中国证券报,2009-09-22.

②　柳士双. 中国新能源发展的战略思考[J]. 经济与管理,2010(6).

### 五、发展新能源产业对策建议

在纽约召开的联合国气候变化峰会上,中国的领导人向世界承诺:争取到 2020 年二氧化碳排放比 2005 年有显著下降,大力发展可再生能源和核能,争取到 2020 年非化石能源占一次能源消费比重达到 15% 左右。为实现承诺目标,中国政府制定一系列促进新能源产业发展的政策,并筹集新能源产业发展基金以进一步推进新能源的发展。

#### (一)加快制定新能源产业发展规划

发展新能源产业是未来大势所趋,但是新能源产业的发展过程是长期的,发展是循序渐进的。所以,我国在发展新能源过程中应长远、合理规划,认清新能源发展前景、制约瓶颈,防止对新能源过度追捧、不切实际发展,避免盲目投资、重复建设所造成的资源浪费。因此,要对新能源产业进行战略规划,对发展的战略性重点、近期重点,中长期目标进行科学的预测和规划,在市场准入标准和条件、行业技术标准、投资具体领域、行业管理规范、新能源结构、融资手段和渠道等方面进行详细规划[①],避免各地无序开发,防止重复建设、产能过剩、资源浪费等现象的出现。

#### (二)优化新能源产业发展环境

优化新能源产业发展环境,坚持以税收优惠政策鼓励新能源产业发展,对生产新能源产品的企业征收较低的税收或进行减免税收,对提供清洁能源企业减免增值税;坚持以投资政策、信贷政策促进新能源产业发展,完善国家促进可再生能源发展的专项贷款和贴息贷款;研究解决新能源企业贷款担保机制,争取国外的投资资金和基金;坚持财政补贴的方式促进新能源产业发展,考虑多种补贴方式:如对投资直接补贴、提供贴息贷款、降低税率、

---

① 柳士双.中国新能源发展的战略思考[J].经济与管理,2010(6).

实行低息贷款等等。通过优化政策环境,促进新能源发展。

(三)推动新能源领域的技术研发

推动新能源领域的技术研发,一是加强对新能源技术创新体系,尤其是大规模储能和输电并网技术、热泵技术、尖端核能开发技术、晶体硅电池光电转换技术等开发技术取得创新和突破,并获得技术知识产权[①];二是实施国际化发展战略,要在更加开放的条件下,积极主动的参与和融入国际市场,进入资本、技术、人才、市场等资源的全球化配置体系,实现国际资源本地化、本地产品国际化,加大与国外专业研发机构、专业生产企业的合作力度,学习和引进国外先进的技术和先进生产流程;三是实施人才引进和培养计划,大力引进国际顶尖技术人才,并实施适合企业发展所需要的人才的培养,保证人才效用最大化。

(四)促进能源产业均衡发展

促进能源产业均衡发展,首先完善新能源产业链,通过发展设备制造业,形成新能源产业制造基地,再发展具备成熟的相关零部件配套企业、研发机构、服务机构、聚集成完整的产业链形态,促进新能源产业集聚发展,产生特定的集聚效应等;其次改善投资部均衡的状态,加大对发展前景较好、但目前发展较弱的部分新能源产业支持,均衡发展新能源产业;最后城乡均衡发展新能源,在农村加大发展太阳能、生物质能的开发和利用,更好地实现新农村建设目标。

## 第三节　我国去碳产业发展

去碳产业主要是指能有效减少大气中温室气体浓度的产业。目前我国普遍所指的去碳产业主要是草原减碳和森林减碳等,在本文中去碳产业着重介绍森林碳汇产业。

碳汇,一般是指从空气中清除二氧化碳的过程、活动以及机

---

① 谢晶仁. 对我国新能源产业发展的理性探析[J]. 湖南涉外经济学院学报,2010(6).

制。目前主要是针对森林吸收、贮存二氧化碳的能力。森林碳汇(Forest Carbon Sinks)是指森林植物吸收大气中的氧化碳,并将氧化碳固定在植被或土壤中,从而减少大气中二氧化碳的浓度。

森林系统是应对气候变化的一个关键因素,通过增加森林碳汇能力,间接减少大气中的温室气体的浓度,能够有效减缓气候恶化。森林在碳汇中发挥着举足轻重的作用。通过采取植树造林,增加绿化;恢复被毁生态系统,恢复物质流和能量流的交换,保持生态系统的平衡;建立农林复合系统,增强系统的碳汇能力和经济收益;加强森林可持续管理能力,促进森林可持续发展等。通过积极有力的措施,增强森林等系统的碳汇能力,促进大气中的二氧化碳浓度降低。

## 一、森林碳汇对低碳经济的支撑作用分析

### (一)吸收二氧化碳,减缓气候变化

IPCC 报告显示,全球的森林面积占陆地面积的 27.6%。森林植被的碳贮量占全球植被的 77%,森林土壤的贮存量大约占全球土壤的储量的 39%[①],森林生态系统的碳储量约占陆地生态系统的 46.6%[②]。森林成为陆地生态系统中最大的碳储存库,森林系统有强大的碳汇功能,是二氧化碳的储存器,有效地吸收大气中的二氧化碳,净化环境,减缓气候变化。

### (二)发展森林碳汇,促进碳汇交易

《京都议定书》中认为森林碳汇是促进二氧化碳减排的主要替代方式。我国实施碳汇项目的资金和技术必须是额外于官方发展援助和参与国政府计划的,换言之,发展森林碳汇可以引进国外先进的技术和资金,改善中国目前部分较差的土地条件,特别是我国西南的干旱、干热河谷区,石质山区所存在的造林投资

---

① 李顺龙. 森林碳汇经济问题研究[D]. 东北林业大学,2005.
② 碳汇与碳排放交易[N]. 中国城市低碳经济网,2010-01-04.

和技术瓶颈;森林碳汇在市场上属于商品,通过碳信用自由转换成温室气体排放权,帮助附件Ⅰ国家完成温室气体减排的义务[①],以此形成森林碳汇服务市场,森林碳汇的市场交易为森林生态服务功能提供了市场交换的方式[②],给予森林生态价值的市场补偿,对于融资发展林业、保护生态环境具有重要意义[③]。

## 二、我国森林碳汇计算及潜力研究

2008 年的第七次全国森林资源清查已经结束,历时 5 年的调研结果显示:全国森林面积 1.95 亿公顷,森林覆盖率 20.36%。活立木总蓄积 149.13 亿立方米,森林蓄积 137.21 亿立方米。除港、澳、台地区外,我国林地面积 3.04 亿公顷,森林面积 1.93 亿公顷,活立木总蓄积 145.54 亿立方米,森林蓄积 133.63 亿立方米;天然林面积 11969.25 万公顷,天然林蓄积 114.02 亿立方米;人工林保存面积 6168.84 万公顷,人工林蓄积 19.61 亿立方米,人工林面积居世界首位。我国林业资源丰富,有著名的东北内蒙古临朐、西南高山林区、东南低山丘陵林区、西北高山林区和热带林区五大林区[④]。这五大林区的土地面积占全国国土面积的 40% 左右,森林面积约占 80%,中国丰富的林业资源,是开展林业清洁能源机制项目的理想地域。

我国自 2005 年第一个森林碳汇项目——中国东北部敖汉旗防治荒漠化青年造林项目实施以来,我国陆续在不同地区实施碳汇造林项目,如内蒙古赤峰碳汇项目、辽宁中日防沙治沙试验林项目、广西世界银行生物碳基金碳汇项目、河北碳汇项目[⑤]。目前我国许多林业部门和相关企业都在积极申请碳汇项目,森林碳汇效益大小需要森林碳汇计量的研究,本文尝试用森林蓄积量扩展法对我国的森林碳汇计量。

---

① 何英.中国森林碳汇交易市场现状与潜力[J].林业科学,2007(7).

② 同上.

③ 同上.

④ 李全,宋万刚.森林资源由政策和市场定价[J].决策与信息(财经观察),2005(11).

⑤ 李高阳.河南省实施森林碳汇项目的潜力分析[J].安徽农业科学,2009(4).

（一）森林蓄积量扩展法

国内外对于森林蓄积量的主要研究方法是漩涡相关法、碳密度法、碳平衡法、生物量清单法等等，但是这些方法均属于纯自然科学范畴，在经济学中，研究森林碳汇是为了方便对森林碳汇进行经济评价、开展碳交易和碳贸易服务，所以计算森林碳汇量的方法需要简单、便于计算、便于操作，因此提出一套经济计算方法——森林蓄积量扩展法[①]。

森林蓄积量扩展法是为了计算森林资源自然固碳量，在计算森林生物量固碳的基础上，根据森林生物量固碳量、林下植物固碳量、林地固碳量三者之间的比例关系进行计算，在森林资源的数据收集中，一般认为森林资源蓄积量是指树干部分生物量，为了计算总的生物量，需要依据树木各部门生物量之间的比例关系进行推算，以便于计算出森林生物量固碳量，根据木材利用率和采伐出材率之间的关系，进一步推算出所消耗的森林资源碳汇量，两者的差值为林业在生产过程中二氧化碳的排放量。森林全部固碳量用公式表示为[②]：

$$CF = 树木生物固碳量 + 林下植物固碳量 + 林地固碳量$$

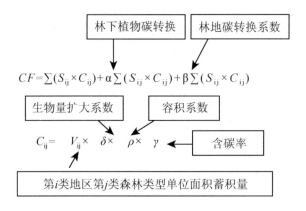

①　李顺龙. 森林碳汇经济问题研究[D]. 东北林业大学，2005.
②　伍楠林. 中国开展森林碳汇贸易的实证研究[J]. 国际商务（对外经济贸易大学学报），2010(10).

| $S_{ij}$ | 第 $i$ 类地区第 $j$ 类森林类型的面积。 | — |
|---|---|---|
| $C_{ij}$ | 第 $i$ 类地区第 $j$ 类森林类型的生物量碳密度。 | — |
| $V_{ij}$ | 第 $i$ 类地区第 $j$ 类森林类型单位面积蓄积量。 | — |
| $\alpha$ | $\alpha$ 代表职务固碳量换算系数，该系数作用是根据森林生物量计算林下植物（含凋落物）固碳量。 | $\alpha = 0.195$ |
| $\beta$ | $\beta$ 代表林地固碳量换算系数，该数值作用是根据森林生物量固碳量计算林地固碳量。 | $\beta = 1.244$ |
| $\delta$ | $\delta$ 代表森林资源蓄积扩大系数，该数值作用将树木蓄积量换算成以树木为主体的生物蓄积量。 | $\delta = 1.90$ |
| $\rho$ | $\rho$ 代表容积密度，该系数是将森林全部生物量蓄积转换成干重的换算系数。 | $\rho = 0.5$ |
| $\gamma$ | $\gamma$ 代表含碳率，该系数作用将生物量干重转换成固碳量。 | $\gamma = 0.5$ |

图 4-2　参数含义和国际通用值[①]

## （二）数据分析及结果

我国到目前已经进行了七次森林资源清查，最新的数据显示：全国森林面积 1.95 亿公顷，森林覆盖率 20.36％。活立木总蓄积 149.13 亿立方米，森林蓄积 137.21 亿立方米。文章应用上述的计算公式，对现有的森林碳汇和未来森林碳汇进行评估，评估结果如下表所示：

表 4-4　中国森林资源碳储量计算结果[②]

| 清查时间 | 森林覆盖率（％） | 森林面积（亿公顷） | 森林蓄积量（亿立方米） | 森林生物量碳储量（吨） | 森林总量碳储量（吨） |
|---|---|---|---|---|---|
| 1973—1976 | 12.70 | 1.22 | 86.56 | $4.11 * 10^9$ | $10.03 * 10^9$ |
| 1977—1981 | 12.00 | 1.15 | 90.28 | $4.29 * 10^9$ | $10.46 * 10^9$ |
| 1984—1988 | 12.98 | 1.25 | 91.41 | $4.34 * 10^9$ | $10.59 * 10^9$ |
| 1989—1993 | 13.92 | 1.34 | 101.37 | $4.82 * 10^9$ | $11.74 * 10^9$ |

① 伍楠林. 中国开展森林碳汇贸易的实证研究［J］. 国际商务（对外经济贸易大学学报），2010(10).

② 同上.

| 清查时间 | 森林覆盖率（％） | 森林面积（亿公顷） | 森林蓄积量（亿立方米） | 森林生物量碳储量（吨） | 森林总量碳储量（吨） |
|---|---|---|---|---|---|
| 1994—1998 | 16.85 | 1.59 | 112.67 | $5.35 * 10^9$ | $13.06 * 10^9$ |
| 1999—2003 | 18.21 | 1.75 | 124.56 | $5.92 * 10^9$ | $14.43 * 10^9$ |
| 2004—2008 | 19.51 | 1.87 | 135.71 | $6.45 * 10^9$ | $15.73 * 10^9$ |
| 2010 | 20.36 | 1.95 | 162.68 | $7.72 * 10^9$ | $18.84 * 10^9$ |
| 2020 | 23 | 2.21 | 187.25 | $8.89 * 10^9$ | $21.69 * 10^9$ |
| 2050 | 26 | 2.50 | 211.83 | $10.05 * 10^9$ | $24.54 * 10^9$ |

根据表 4-5 数据显示，我国 2010 年森林碳汇的能力在 $7.72 \times 10^9$ 吨碳左右，根据目前国际碳汇价格 $8 \sim 10$ 美元，中国现有碳汇价值约在 $61.79 \times 10^9 - 77.2 \times 10^9$ 美元，如果考虑林下植物和林地固碳，则 2010 年森林总碳汇量为 $18.84 \times 10^9$，森林碳汇总价值为 $1.51 \times 10^{11} - 1.89 \times 10^{11}$ 美元[1]。

根据森林全部碳汇量潜力计算方法，保守预算 2020 年和 2050 年森林碳汇贸易潜力，保守的估算单位面积的蓄积量依旧保持在 84.73 立方米/公顷的水平，到 2020 年，中国森林覆盖率保守估计为 23％，中国森林碳汇潜力保守预算为 $8.89 \times 10^9$ 吨碳，到 2050 年我国森林覆盖率保守估算为 26％，中国森林碳汇潜力保守预计在 $10.05 \times 10^9$ 吨碳，分析得出：我国发展森林碳汇潜力巨大，由此获得的经济收益可观，因此我国要大力发展森林碳汇，通过森林碳汇，改善生态环境，促进经济发展[2]。

### 三、我国发展森林碳汇存在问题

森林碳汇是新生事物，在发展森林碳汇中会遇到许多新问题，下面探讨发展森林碳汇存在的问题。

---

[1] 伍楠林.中国开展森林碳汇贸易的实证研究[J].国际商务（对外经济贸易大学学报），2010(10).

[2] 同上.

（一）森林经营问题亟待解决

我国政府、公众逐渐认识到森林的重要性——调节气候、保护水土、释放氧气,增加碳汇等作用。经过近十多年生态工程、森林建设,我国森林的覆盖率、森林面积等指标均不断提升,但是我国森林存在经营不力、管理不力等问题,导致我国森林质量不断下降,生产能力低下、森林生态系统脆弱,不利于我国森林碳汇产业的发展,难以发挥森林固碳减缓气候变化的潜力,没有最大限度地发挥森林碳汇能力。

（二）森林生态效益补偿偏低

我国对森林生态效益补偿较低(补偿价格为 5 元/亩),大大降低了经营管理生态林的积极性,而经营商品林地经济收益较高,尤其在集体产权改革后,农民经营商品林可以获得很好的经济回报,大大提升了农民经营商品林的积极性。因此,森林生态效益补偿低导致了我国没有形成保护公益林的激励机制,加之不同区域、地形、土地质量、林地生态价值、管理保护成本不一,导致在投入、管理、经营的成本方面存在差异,而国家的补偿标准单一、补偿金额很低,大大地削减了种植公益林的积极性,不利于我国森林碳汇产业发展①。

（三）缺乏统一的碳汇计量监测体系

我国既缺少与国际接轨的碳汇计量体系,也缺少国内统一的碳汇计量监测体系。缺少统一的计量标准、计量体系、监督体系,导致无法了解国内外森林碳汇现状,无法获得森林碳汇最新动态,难以准确预测森林未来发展潜力,难以进行森林生态效益评估。在对森林生态效益评估时,因缺少统一的计量方法、计量标准,结论没有可比性②,因此亟须建立一套和国际接轨、国内能统

---

①　杨邦杰.发展碳汇林业,应对气候变化[N].光明日报,2008-08-15.

②　吴伟光.森林生态效益补偿若干问题的思考[J].浙江林学院学报,2002(3).

一使用的森林碳汇科学计量体系和监测体系。

## 四、促进我国森林碳汇的对策建议

我国经济要发展，又要承担国际节能减排的责任，发展森林碳汇既能增加我国的经济收入，又能抵减部分产业的温室气体的排放。因此，发展森林碳汇是促进经济发展，减轻我国节能减排压力最简单、最有效、最可行的措施之一。

### （一）改进森林管理，提高森林生态系统生产力

加强对森林可持续性的管理，保护已有的天然林碳库资源、保护森林物种的多样性，禁止任何不可持续的森林砍伐行为，预防林火、预防病虫害，避免森林碳汇功能的下降。通过集约化的营林措施——适度间伐、择伐并控制轮伐期、施肥、套植等措施，提高森林固碳能力；提高林产品的循环利用效率，使用林产品代替高能耗、高碳密度物品，间接增加森林碳汇。

### （二）加大森林碳汇科技的力度

重视科技对碳汇的支撑作用，加大森林碳汇的科技含量，提升科技水平，通过对碳汇林业研究，根据不同生态功能区划，因地制宜经营森林，调整森林树种和龄组结构，运用科学的抚育措施，稳步提高森林质量，提高人工林的生产能力和碳吸收能力。另外加大森林碳汇的科技投入，积极引进国外先进的经营、管理理念和技术，加强森林碳汇的科技支撑。

### （三）建立统一森林碳汇计量体系和标准

森林碳汇计量有较强的针对性以及技术性和专业性，因此要加强对碳汇计量的技术支持力度和碳汇管理的支持力度，首先应成立专门机构负责森林碳汇的评估；其次要联系国内外的计量体系和标准，建立一套与国际接轨又适用于国内碳汇计量的标准和体系，促进国际碳汇交易；再次要成立专门的碳汇计量的验证组

织或者机构,加强对碳汇计量体系研究和碳汇标准的管理;最后鼓励发展碳汇中介组织,国家要对碳汇中介组织的资质进行管理,促进森林碳汇发展[①]。

### (四)完善森林生态补偿制度

完善森林生态补偿机制:首先制定森林生态补偿的法律法规,促进森林生态补偿对生态环境的维持、建设、发展,保护生态环境;其次重点推进森林生态林的补偿力度,依据国家财力和现有物价水平,提高相应的补偿金额,形成有效保护公益林的激励机制;再次,建立补偿基金多渠道筹集机制,如根据"损害者赔偿、受益者补偿",碳汇交易补偿等渠道多方筹集资金,保证形成稳定的补偿基金;最后要形成分类补偿制度,依据国家、地方财力,因地制宜的做出森林碳汇分类补偿制度。

---

① 吴伟光. 森林生态效益补偿若干问题的思考[J]. 浙江林学院学报,2002(3).

# 第五章　低碳经济的技术支撑

低碳技术是指为实现低碳经济而采取的技术,可以分为三大类:第一,减碳技术。主要是针对高能耗、高排放领域所采用的节能减排技术;第二,无碳技术。主要是发展和使用可再生能源技术;第三,去碳技术。碳捕获与封存技术。低碳技术能有效地促进低碳经济的发展。

## 第一节　低碳技术的支撑作用

我国目前出台了许多政策促进低碳经济的发展,低碳经济发展的核心关键是技术,技术创新能促进新能源研发、能源效率提高,有效地支撑低碳经济发展。

### 一、低碳技术促进节能减排

低碳经济的核心就是技术,它涉及清洁能源开发、煤的清洁高效利用、油气资源和煤层气的勘探开发、可再生能源、核能、碳捕集和封存、清洁汽车技术[①]、农业和土地利用方式等涉及温室气体排放的新技术[②],低碳技术要求尽量减少原材料消耗,减少废弃物的排放,尤其是温室气体的排放;低碳技术要求尽量研发新能源技术,尽可能地使用清洁能源,充分利用太阳能、风力、地热等清洁无污染的能源;开发使用可再生可回收可利用的材料,把温室气体排放、废弃物的排放减少到最低;采用节约能源资源的新工艺、新技术、新流程,提升优化产业结构,以实现较少投入,获得

---

① 王玲. 应对能源高价 需要清洁能源和节能技术[N]. 中国高新技术产业导报,2008-07-14.

② 庄贵阳. 如何发展低碳经济[J]. 江西社会科学,2009(7).

较高的产出。由此可见,科学技术是发展低碳经济的关键和基础,继续使用传统的技术无法实现清洁能源使用,无法减少温室气体的排放等等,只有在低碳技术的发展下,才能实现节能减排,才能促进低碳经济的持续健康的发展。

### 二、低碳技术提高能源的使用效率

低碳技术是提高资源能源利用效率的主要途径,通过提高资源的使用效率,促使最大可能的产量组合向生产可能性最大边界靠近,在一定程度上缓解了资源的稀缺性;低碳技术可以研发出新资源、新能源,如煤层气的勘探开发,从而促使生产的可能性边界向外扩张,这为改变人类资源枯竭的现状带来了希望。目前我国资源利用效率不高、资源枯竭,通过低碳技术可以改变这种现状,实现经济的低碳发展。

### 三、低碳技术推动产业结构的调整

技术进步能改变原先高碳的生产方式、生产行为,提高能源利用效率,降低能耗污染、促进经济增长,其次在促进经济增长的过程中,加快产业结构的调整,促使大量与能源相关的新产业、新部门产生,世界上的发达国家利用先进的技术优势,采用不平衡的发展战略,出台各种激励措施政策促进低碳型产业发展,建立了创新型的低碳产业——新能源产业、新环保产业、新碳汇产业、新海洋产业、新建筑产业、新旅游产业、电动汽车产业[1],成为了新的经济增长点。促进产业结构调整和优化升级,提高竞争力,推进低碳技术的研发、应用和推广,不仅有利于新能源产业、环境产业等具有低碳经济特征的产业发展,还带动了相关产业的发展,如改造我国的建筑材料、钢铁等传统高耗能产业,降低碳排放强度,通过技术优化调整产业结构。

---

① 钱志新.沿海开发新机遇:发展低碳技术新产业[N].新华日报,2010-06-29.

## 第二节　低碳技术作用的具体领域

开发低碳技术的自主研发和创新,促进高能效、低排放、低污染技术的技术研发和推广应用,在重点和关键领域率先进行突破,建立起有利于推进低碳经济发展的技术体系。

### 一、减碳技术作用的领域和原理分析

减碳技术是针对能耗、排放领域所需要采用的节能减排技术。主要是针对钢铁冶金、水泥、化工、造纸、建筑、电力、汽车、农业等。

### (一)农业行业技术

农业二氧化碳主要来源于以下的方面:第一,土壤中含有大量的碳元素,本身存在的土壤有机碳是土壤的质量和功能的核心,土壤中含有丰富的有机碳有利于农作物的生长,但是由于大量施用化肥,加速了农田土壤中有机碳的矿化,进而向大气中排放了大量温室气体;第二,土壤呼吸使大量的有机碳以 $CO_2$ 形式释放到大气中,数量相当可观,全球每年由土壤释放到大气中的碳量约为 $(0.8\sim4.6)\times10^{15}\,g$[1]。农业生产中产生碳的还有如下的几个方面:农业投入品(如化肥、农用薄膜等);农业机械制造和使用(柴油、电力等);农产品的加工和流通中使用的能源(如农产品包装);农业废弃品的处理和利用(如秸秆燃烧)。在人类活动所放出的温室气体中,农业生态系统所排放的温室气体约占 $1/15\sim$ $1/5$,主要有 $CO_2$、$CH_4$、$N_2O$ 和 $NO_X$ 等。[2] 土壤中的有机物质经微生物分解,以 $CO_2$ 的形式释放到大气中,如果农田经过水淹,农田中有机质经发酵作用将产生大量的 $CH_4$,全球一半以上的 $N_2O$ 和 $NO_X$ 来自土壤中的硝化和反硝化过程[3]。因此,农业的生产也

---

[1]　刘德辉,陶于祥. 土壤、农业与全球气候变化[J]. 火山地质与矿产,2000(21).
[2]　赵其国,钱海燕. 低碳经济与农业发展思考[J]. 生态环境学报,2009(18).
[3]　张厚瑄. 农业减排温室气体的技术措施[J]. 农业环境与发展,1998(1).

会产生大量的能耗污染。

农业低碳发展需要技术有：农业废弃物综合利用技术、开发生物农药、有机化肥研发、生物防治技术、秸秆还田技术、农林机械节能技术、秸秆饲料转化技术等等。

（二）水泥行业技术

水泥生产的本质是黏土（含氧化铝）、二氧化硅、石灰石（碳酸钙）经过充分搅拌，均匀后研磨成粉，在 1000℃～1200℃ 下进行煅烧，在燃烧的过程中加入石膏（碳酸钙、硫酸钙），燃烧后取出成品，成品经过干燥，再用球筛粉碎机研成粉末变成水泥。

用公式表示：

$$Na_2CO_3 + SiO_2 = （高温）Na_2SiO_3 + CO_2 \uparrow Ca_2CO_3 + SiO_2 = （高温）$$
$$Ca_2SiO_3 + CO_2 \uparrow （水泥的主要成分是 Na_2CO_3 和 Ca_2CO_3）$$

水泥的生产包含了一系列的流程，原料开采——生料制备——水泥粉磨等，在生产的过程中，需要输送、破碎、粉磨、煅烧工艺设备及电机、风机等，需要消耗一定量的能量。数据显示，每生产 1 吨水泥，需要消耗电力约 110kwh[1]，各个流程的消耗能量如下表所示：

表 5-1　水泥生产各工艺过程的电力消耗[2]

| 工艺过程 | 单位产品电力消耗（KWh/t） | 单位水泥电力消耗（KWh/t） | 占电力总消耗比例% |
|---|---|---|---|
| 原料矿山开采 | 3.0 | 3.6 | 3.96% |
| 生料制备 | 22.0 | 27.3 | 24.8% |
| 熟料煅烧 | 32 | 25.6 | 23.3% |
| 水泥粉磨包装及发送 | 42 | 42 | 38.2 |
| 其他 | 11.5 | 11.5 | 10.5 |
| 总计 | 110.5 | 110.00 | 100 |

---

[1]　汪澜. 水泥低碳生产技术评述[J]. 中国水泥，2010(5).

[2]　同上.

在水泥生产的过程中,产生的污染来源于石灰质原料中碳酸盐矿物,碳酸盐矿物分解会产生大量的二氧化碳,若采用二氧化碳含量低的替代原料(如使用电石渣)或生产低钙水泥都可以减少相应的过程中二氧化碳排放;在水泥生产燃料和电力的消耗过程中都会产生能耗 $CO_2$ 排放;通过添加助熔剂和矿化剂,加速水泥熟料矿物形成,可减少燃煤用量及 $CO_2$ 排放量。整个水泥生产都有大量的能源消耗和二氧化碳的排放。

水泥行业发展节能减排需要的技术有:先进的磨粉技术,降低磨粉的单位能耗;高效箅冷机技术,通过高效箅冷机技术可精确控制各冷却区域的用风量,最终达到高效冷却的效果,并同时获得高效的热回收率,节能效果显著[①];余热回收技术,提高节能减排的能力;富氧燃烧技术,在熟料阶段通过增加氧的含量,可以提高能耗、提高产能,通过增加低热值替代燃料的使用,降低了温室气体的排放等等。

(三)钢铁、冶金行业技术

钢铁行业工作的原理:开采出一定量的铁矿石,将铁矿石破碎、磁选成铁精粉,进行烧结,形成具有一定强度和粒度的烧结矿;然后在高炉中进行冶炼,通过热风、焦炭将烧结矿还原成铁水,继续氧化,制成不同碳含量的钢水;最后,凝固、压延成用户所需的钢材。

钢铁是高耗能产业,并在生产中产生大量的温室气体。我国钢铁生产中,由于铁钢比例高、电炉钢比例低、钢铁产业集中度低、冶金装备容量小[②]、选取的流程长等原因,能耗污染更严重。发展低碳钢铁需要的技术有余热的回收利用,废气的回收利用(高炉煤气、转炉煤气)、水的循环利用、短流程工艺技术、电炉炼钢节能技术等等。

冶金是从矿石中提取金属、金属化合物,用各种加工方法将

---

① 丁奇生.HCFG 型控制流箅冷机的开发及应用[J]. 中国水泥,2004(3).
② 韩庆礼.低碳经济下钢铁行业二氧化碳排放的综合控制技术[J]. 新材料产业,2010(6).

金属制成具有一定性能的金属材料的过程、工艺和流程。目前我国的冶金主要采用火法冶金、湿法冶金以及电冶金。

冶金在炼铁及有色冶金等生产过程中,能产生焦油、铁及其氧化物颗粒、氧化镉、铬酸盐等致癌污染物,使冶金行业成为环境污染的严重危害者,同时在冶炼的过程中需要热能,需要大量的能耗。

钢铁行业技术重点:新一代可循环钢铁流程、干法熄焦技术、电炉炼钢节能技术;铜熔炼新工艺 、废水闭环处理循环使用技术、炼焦煤调湿风选技术、余热余压利用技术研究。

(四)造纸行业技术

造纸的原理:首先用机械制浆法、化学制浆法和半化学制浆法将木材转变成纸浆;其次用散浆、打浆、加胶与充填将纸料进行调制;然后将稀的纸料进行抄造,促使它能均匀地交织和脱水;最后经过干燥、压光、卷纸、裁切、选别、包装生产出成品。

造纸的工艺流程将需要消耗大量能源进行纸浆的转变、调制、抄造等,同时,因为造纸原料中含有木纤维,必须使用化学剂溶解除去木纤维,木质素携带化学剂的造纸废液无法回收利用,直接排放到江河湖海中,将产生大量的污染。

造纸所需要的节能减排技术有:基因改造技术、废水处理技术、高效氧化技术、膜法技术、厌氧技术等。

(五)建筑行业技术

建筑业的能耗污染主要在三个方面:材料的碳排放、使用碳排放、拆除碳排放。材料的碳排放大小与选择的建材有关,在选择钢铁、水泥建材上要选择那些污染能耗小的;使用时碳排放,在采暖、照明、通风等方面尽量使用太阳能、风能等无污染的能源,减少能耗污染;减少拆除时碳排放,建筑材料可进行回收等,可提高建筑物寿命周期结束后的资源回收利用率。

目前建筑行业的节能减排技术主要是:新型墙体材料、采暖末端装置可调技术、屋顶门窗节能、新风处理及空调系统的余热回收技术、太阳能及浅层地能等可再生能源与建筑一体化应用等领域技术研发、暖通空调节能技术、集成应用与新能源利用、建筑围护结构节能与减排技术、建筑节水与减排技术、建筑物保温技术、外墙节能技术、地源热泵技术、辐射吊顶技术等。

（六）电力、煤炭行业技术

电力是由发电—输电—变电—配电—用电等环节组成的电力生产与消费系统，是将一次能源通过发电动力装置转化成电力，经过电网输送、变压装置、配电等过程输送到用户上[①]。电力的能耗污染主要来源于两个阶段：第一阶段，发电阶段，我国的发电主要是火力发电，在发电的过程中使用煤炭，产生了 $SO_2$、$NO_x$、$CO_2$ 等温室气体；第二阶段，输送阶段，由于电网的材料等原因，在输送的过程中有大量的能耗以热的形式散出去，能源的利用效率不高。

目前电力行业节能减排技术有：洁净煤发电重大技术、热电多联产技术、煤电的整体煤气化联合循环技术、智能电网技术、火电厂循环冷却水余热利用技术、高参数超临界机组技术等。

煤炭行业在发展的过程中产生了原煤入洗率低，燃烧不充分，洁净转化不充分、能源利用效率低等问题，解决目前煤炭行业节能减排技术的重点是：洁净煤高效洁净燃烧技术、煤炭高效洁净转化技术、煤炭加工领域技术、发展先进技术以促进煤的清洁高效开发和利用[②]，突破先进清洁高效能源系统工艺与过程，开发煤、生物质和天然气/煤层气转化为合成气的规模化工艺等关键技术[③]。

---

① 朱元成. 营口地区实现可靠供电的研究[D]. 东北大学，2003.

② 纵瑞收，李峰，孙红旗. 我国低碳技术发展的现状对策与建议[A]. 经济发展方式转变与自主创新——第十二届中国科学技术协会年会，2010.

③ 中科院拟定能源科技发展路线图[J]. 甘肃科技，2007(9).

### （七）汽车行业技术

汽车使用的过程需要燃油，消耗能源，同时在消耗过程中将产生碳氧化合物、氮氧化合物、碳氢化合物，尾气中的氮氧化物和挥发性有机物在特定条件下可在近地面生产臭氧，可能导致光化学烟雾污染，潜在健康危害比较大。

汽车的节能减排技术有混合动力汽车、新材料技术、纯电动汽车技术，新能源燃料技术，推进高效节能电机及控制技术创新、发展高效的生物燃料技术等。

### （八）交通运输业行业技术

在交通运输过程中，选择不同的交通方式，碳排放量是不一样的。选择公共交通方式的碳排放总量比使用私人交通方式的碳排放总量少；即使是公共的交通，不同的车型、不同的交通方式，碳排放量不同，如磁悬浮列车和火车；交通运输过程中选择不同的能源，污染排放量是不一样的，如选择煤炭、石油类高碳能源对环境造成的污染比较严重，若选择水能、太阳能、沼气能、天然气等清洁能源，污染会大大减少。尽管可利用能源很多，但是由于技术成熟性以及经济性等原因，绝大部分的交通运输方式主要是依赖石油能源，几乎完全依赖于高污染性能源（除铁路的电力牵引方式外）。[1]

发展低碳交通技术有：电动汽车、氢燃料电池汽车、高效的生物燃料技术、混合动力汽车等。

### 二、无碳技术作用的领域和原理分析

无碳技术是指发展新能源、清洁能源的技术。主要是指风能发电、太阳能、水力发电，地热能、生物质能、核能等清洁能源技术。

---

[1]　贺亚春．基于绿色物流思想的中长途物流运输研究[D]．重庆交通大学，2007.

风能主要是用来发电,原理简单地说就是把风的动能转化为机械能,机械能再转化为电能的过程。发展风能需要一定的风力生成设备、风力稳定转化设备。如发展潜艇携带地球磁场控制设备,控制台风生成、强度、路径运行。使用风能需要的技术:自控技术、轴和叶片技术、MW级风力发电设备等大型化设备的技术。

太阳能使用:太阳能源的使用主要是太阳能发电和太阳能发热,太阳能发电主要是利用半导体界面的光电伏特效应将光能直接转变为电能。太阳能发热将太阳能的能量通过一定的设备转化成热能,加热水。太阳能使用需要的技术:高纯度多晶硅提纯技术、多晶硅转化技术、切片技术以及晶体硅太阳能电池技术。[①]

广义的水能资源包括河流水能、潮汐水能、波浪能、海流能等能量资源,水能发电的原理是用水的落差产生的势能来发电,再将势能转化成电能的过程,潮汐能发电是指海水潮涨和潮落形成的水的势能,其利用原理和水力发电相似;海流能发电主要是利用海水流动产生的动能,将动能转化成电能。

核能目前主要应用于发电,利用核反应堆中核裂变所释放出的热能进行发电。需要的技术:高温气冷堆技术等。

生物质能是绿色植物通过叶绿素将太阳能转化为化学能存储在生物质内部的能量,是太阳能以化学能形式存储在生物质中的能量。[②] 目前生物质能的主要用途是发电。生物质能需要的技术:秸秆固化、气化技术、秸秆直接燃烧发电技术、生物燃料技术等。

地热能是地球内部隐藏的能量,其热能以传导形式向外输送。地热可以用于发电、供暖、养殖、地热行医等等。发展地热能需要的技术:地热换热器技术等。

---

① 纵瑞收,李峰,孙红旗. 我国低碳技术发展的现状对策与建议[A]. 经济发展方式转变与自主创新——第十二届中国科学技术协会年会,2010.

② 杜丽娟. 生物质催化裂解制可燃气的研究[D]. 武汉工业学院,2008.

### 三、去碳技术作用的领域和原理分析

去碳技术主要是碳捕获与封存技术,碳捕获与封存技术是将生产生活中排放的二氧化碳捕获并封存到适合的地点,使得这些二氧化碳不再被排放到空气中,碳捕获分为燃烧前捕集、富氧燃烧和燃烧后捕集[①]。

燃烧前捕集是在预燃烧炉中,将化石燃料进行分解,碳氢化石燃料在高温高压下分解成 $H_2$、$CO$、$CO_2$,其中一部分的 $CO$ 和和 $H_2O$ 发生反应,即:$CO + H_2O$——$H_2 + CO_2$,此时将浓度较高的 $CO_2$ 和 $H_2$ 分离,留下二氧化碳,氢气则可用于燃烧,该技术在控制温室气体排放上有较大潜力,且能耗小,技术受到广泛的关注,但是由于整体煤气化联合循环发电系统发电技术仍面临着高投入成本的问题,可靠性有待于进一步探讨和提高。

富氧燃烧是通过制氧技术,将空气中大比例的氮气除去,直接采用高浓度的氧气和抽回的部分烟气相混合的气体来代替空气,得到高浓度的二氧化碳气体,将高浓度的二氧化碳气体直接进行处理和封存,该技术最大的限制和难题是制氧技术的投资和能耗过高,需要发展一种廉价低耗的能动技术。

燃烧后捕集是在燃烧后的烟气中捕集二氧化碳,目前普遍使用的二氧化碳的分离技术有化学吸收法和物理吸收法,即利用酸碱性吸收和变温变压吸附法,燃烧后捕集法有发展潜力,但是目前膜分离法技术还需要进一步发展。

二氧化碳的封存分为地质封存、陆地封存、海洋封存。

地质封存是将二氧化碳封存于废弃的油井、无法开采的煤层、天然气田等地质层中,这些地质层中石油、天然气等储存了数百年,将二氧化碳封存于地质层潜力较大。

陆地封存主要是通过森林碳汇,吸收空气中的二氧化碳,减少大气中的温室气体的浓度,减缓气候变暖的速度,目前森林碳

---

① 胡一蓉. 应对全球气候变化——碳捕获与封存技术介绍[J]. 江苏科技信息,2009(12).

汇吸收二氧化碳效率很高,主要采取森林碳汇去碳。

海洋封存。由于海洋有巨大的储存二氧化碳的能力,因此海洋封存技术不可忽略,海洋储存二氧化碳有两种方式:①直接向深海中注入二氧化碳;②利用二氧化碳向海底施肥,刺激海底生物的生长。这两种方法在实际操作中的效果需要进一步研究。

碳捕获和封存在技术上发展很快,但碳捕获和封存技术在使用中成本高,且封存存在技术障碍,发展存在着一定限制,从整体看,碳捕获和封存目前还处于前期研究的阶段,在技术、经济、环境和立法等方面还存在着诸多不确定性因素,还面临着泄露、技术难点、公众认知不够等问题,碳封存和捕捉技术项目的投资额较大,而且在短期内投资难以回收,同时由于政府没有给予碳捕获与封存技术在立法、税收等方面的优惠和激励配套措施,碳捕获与封存技术暂时没有真正进入商业化应用阶段。

## 第三节  低碳技术的发展现状与问题

我国的低碳技术的发展已经逐步得到了重视,目前中国科技部已经加大对节能、清洁能源、碳捕获与封存、清洁汽车、能源热泵技术等战略性技术的投资力度。不少高校成立了研究中心研究低碳相关技术,清华大学成立了低碳能源实验室、北京交通大学成立了低碳研究与教育中心、对外经济贸易大学成立了低碳研究所、四川大学成立了低碳研究中心等等,通过高校的人才优势,从理论上支持低碳技术的相关发展。

我国发展低碳技术已经取得了一定的成绩:高耗能产业的低碳技术已经有了一定的突破,具备了研发清洁能源技术的实力,我国在太阳能技术、核能技术、风能技术,煤炭的脱煤技术等部分领域走在世界前列,但是由于技术成本高,没有广泛得到推广和使用,总言之,我国低碳技术在进步,但是发展中存在着一定的障碍和难题。

### 一、高碳技术存在锁定效应

高碳的"锁定效应"。锁定效应是指发展中国家工业化过程建成的生产设施具备资本密集度高、排放强度大、使用寿命长等特点，一旦装备了低效率、高排放的技术，其高排放的特性将在很长时间内被锁定，否则将产生巨大的重置成本。高碳技术的支撑体系——金融机构、供应商、现有的基础设施等出现了技术锁定效应，能源系统和技术相关的基础设施出现锁定效应，而低碳技术是先进技术，依赖于与高碳技术不同的基础设施和辅助技术的推广、使用。

### 二、发展低碳技术面临不确定性

低碳技术属于先进的技术，研发先进技术需要投入大量的资金，低碳技术的建设、运转和维护成本也较高，而现有化石燃料使用者却不必为自己的消费行为所产生的大量污染引起的外部性买单。其次低碳技术存在风险和未来绩效的不确定性，而现有技术系统经过长期演变和发展，逐渐成熟，风险相应减少，相比较而言，发展低碳技术面临不确定性。

### 三、我国低碳技术水平不高

我国的低碳技术水平有待进一步提高，低碳技术涉及电力、能源、冶金、化工、石化等多个部分，而我国在能源生产和利用、工业生产等领域技术水平落后，技术开发能力和关键设备制造能力差，产业体系薄弱，与发达国家有较大差距。此外，我国的低碳技术没有建立起成果转化体系，各个区域缺乏良性互动和未共建技术平台，缺乏技术转化成果。

### 四、低碳技术转让存在障碍

国际上低碳的先进技术被发达国家所掌握，按照京都协议书中明确规定的发达国家向发展中国家提供资源和技术的约定，强调技术开发与转让的必要性,但是从目前的情况看,发达国家不愿意向发展中国家提供先进的技术,究其原因在于:首先发达国家把低碳技术作为未来国家竞争力的核心组成部分,不愿意把低碳技术转让给发展中国家;其次国际上没有建立起明确的低碳技术转让的核查机制,对技术的有偿、无偿、优惠转让无明确界定,技术转让的时效没有明确规定,为不想转让低碳技术的发达国家找到了借口,也给那些有意开展低碳技术转让活动的发达国家也带来了困难。

## 第四节　发展低碳技术对策建议

发展低碳技术能应对国际上发达国家所施与的节能减排压力,给我国的经济注入活力,促使我国能够抓住"十二五"能源转型,产业结构优化的机遇,将低碳技术作为我国未来技术发展的基础,掌握低碳技术的主动权。

### 一、加强自主创新能力

选取北京、天津、上海等低碳经济发展较好的城市,依托其人才集中、技术创新、研发实力等优势,建立国家级、大型、复合的低碳技术研发、创新中心,积极探索低碳技术的理论研究;充分利用市场驱动力量刺激技术研究活动开发,建立与低碳技术创新中心相衔接的融资交易体系;在加大低碳技术投资的同时,制定和实施一定的政策倾斜政策,保障低碳技术研发和创新的资金和政策需求,保障低碳技术的快速发展,抢占未来全球低碳技术的制高点。

### 二、加强国际低碳技术的合作

目前我国的低碳技术与发达国家先进水平存在很大差距,要在短时间内提高技术水平,除了依靠国内的自主创新之外,还要加强与国外发达国家的技术交往与合作,密切关注国际动态,尤其是清洁能源技术和可再生能源技术的国际发展动态。从我国长期发展战略来看,我国清洁能源和可再生能源具有很大的优势,水力、风能、地热能等清洁资源丰富,发展清洁能源的潜力巨大。展望未来,我国的清洁能源和可再生能源最终将取代化石能源,充分吸收国外先进技术成果,促使全球共享技术发展,大大减缓气候变化带来的问题。

### 三、创造良好的市场氛围

加大技术创新投入力度,加大对低碳技术、资源节约、生态环保和综合利用关键技术攻关的支持力度,构建节约资源、减少污染、减少温室气体排放、保护生态环境的技术保障体系。[①] 积极推进低碳技术的商业化发展。通过鼓励金融机构、风险投资机构、专项基金进入技术服务领域,搭建更为广阔的融资服务平台;建立多元资金投入保障机制,积极引导金融机构向低碳技术研发企业贷款。同时,拓展外资渠道,鼓励外资投资低碳技术示范项目。

### 四、建立起技术转让的国际平台

国际间的技术转让能够很好地解决发展中国家低碳技术的缺乏问题,促进关键低碳技术的不断突破。[②] 目前国际上先进的低碳技术仅仅为一小部分发达国家所拥有,由于缺乏低碳技术的转让机制,低碳技术的转让成为空话,因此,需要建立起公平有效的转让平台和机制,就目前而言,主要是建立政府间合作的机制;技术开发与转让的资金资助机制;技术转让效果评价、核查和监督机制;国际联合研发机制;技术交易平台、知识产权保护机制;促进企业履行社会责任及公众参与机制等,通过这些机制的建立消除技术转让的障碍,加速技术的转移,加快技术的推广和应用。

---

①　白杨．我国将研究开征环保税[J]．中国人造板,2008(11).
②　黄栋．低碳技术创新与政策支持[J]．中国科技论坛,2010(2).

# 第六章　低碳经济政策支撑

随着我国经济的发展,经济政策在发展中发挥着极其重要的作用:本章着重探讨低碳经济政策研究,选择了宏观经济的财政政策、金融政策和产业政策作为研究对象,分析研究宏观经济政策对低碳经济的支撑作用,并针对现状、问题,提出对策建议。

## 第一节　低碳财税政策

### 一、低碳经济财政支撑机理分析

(一)低碳经济财税政策定义

低碳经济财税政策体系包括两部分:一是对市场主体的节能减排行为起激励作用的财政支出政策体系,具体地说财政支出包含政府预算拨款、财政补贴、政府采购;二是对市场主体的耗能排放行为起约束作用的税收政策体系,财政收入政策包含碳税类、税收直接减免、节能设备投资抵税和加速折旧等限制性税收政策。

(二)低碳财政功能

导向功能:低碳经济下的财政政策发展目标明确——促进低碳经济发展,积极推进节能减排、发展新能源、加强保护工作,支持科技创新以及战略性新兴产业的发展,同时,通过调整物质利益进而对个人和企业的经济行为进行调节,引导国民经济运行,通过税收优惠等鼓励企业的低碳生产,通过税费来促进个人低碳消费等。

协调功能:对于不同行业、不同部门出现的失衡状况进行调节和制约。对高碳生产征收税费抑制其生产,对低碳生产给予税收优惠,协调生产部门的生产行为。

(三)低碳财税对低碳经济的支撑机理分析

财税政策在发展低碳经济中发挥着重要的作用,在发展低碳经济中,需要政府合理运用财税政策加以推进其发展。

财政补贴、财政投资等财政支出手段,鼓励和激励着企业采取低碳技术、低碳工艺、低碳流程,改造传统产业,推动着低碳经济的发展;我国在发展低碳经济中存在着成本较高的障碍,给予低碳环保产业在研发过程、制造过程、销售过程中一些税收优惠,如增值税、消费税等减免,有利于刺激企业加速开发低碳产品,促进整个社会的可持续发展。

在财政收入中,碳税、排污费等收入手段,约束和管理、抑制着企业的生产活动,鼓励生产的企业调整其生产模式,鼓励消费者调整消费模式,间接地实现节能减碳减排的低碳发展目标。同时,税收所提供的激励是持续性的,它不同于以往所设置的节能减排限度的行政管制手段,当消费者和生产者达到政府节能减排所设置的限度时候,往往失去继续实施节能减排的动力,但是税收却不同,继续、持续地发挥作用;通过实施有关节能减排的税收政策还能带来新增税收收入,为保持整体的税负不变,而对其他税种进行减税提供了可能,又产生其效应。如减少劳动者的税负(个人所得税)会促进结业,整体上鼓励了节能减排,促进就业。总的说来,制定正确、合理的低碳税收政策可以促进低碳经济的发展。

**二、中国低碳财税支出政策现状分析**

(一)财政预算拨款

我国目前的财政预算中,虽然有部分资金用于节能减排,但是没有设立专项的节能减排专项资金,这些资金往往是分散于其他的项目中,导致资金的针对性较差。发展低碳经济已经是世界经济社会的头等任务,在工业化、城市化飞速发展的中国更有必要加快发展的步伐。应该将发展低碳经济作为公共财政资助的重点和主要目标,但是由于在公共预算中没有设立低碳发展的专项支出项目,公共财政的低碳发展专项资金缺位,不利于低碳发展。

(二)财政补贴

我国现行的低碳财政补贴范围太广,涉及面太多。财政补贴包括各种价格补贴和企业亏损补贴等等,范围涉及工业、农业、交通运输业、建筑业等国民经济部门生产、消费的各个环节。补贴的范围太大,涉及面太广、项目过多,会扭曲价格关系,改变价格的经济杠杆作用,妨碍正确成本的核算、效益,掩盖企业经营性的亏损,不利于企业适时改善管理经营[①];如果对其补贴的数额较大,加大了国家的财政负担,影响国家的经济建设的规模和速度。以我国的能源补贴为例,我国对中石化和中石油都给予巨额财政补贴,一定程度干预了市场的价格;财政补贴是项短期的政策行为,在能源产业发展的初期,因能源产业发展的资金不足,研发技术成本较高,我国为了促进能源发展而进行财政补贴,但是随着能源产业稳定发展,财政补贴应该适时退出,可我国的财政补贴却是长期的,财政补贴存在着一定的缺陷和问题。

(三)政府采购

我国低碳经济方面的政府采购起步较晚,2007 年国家环保部调整了《环境标志产品政府采购清单》,宣布了 9 项环境标志产品标准;2008 年政府调整了绿色采购产品种类,增加了绿色采购产品的种类,由原先 19 类增加到了 21 类[②],将 700 余家企业生产的

---

① 牛翠兰. 城市公共交通补贴机制研究[D]. 长安大学,2008.
② 我国将家电和办公设备列入低碳产品认证优先领域[J]. 轻工标准与质量,2010(3).

8000多个规格型号的产品列入了政府采购清单范围内;同时,我国开始启动低碳产品认证工作,初步将汽车、家电和办公设备等产品种类纳入政府采购开展低碳产品认证的优先领域,配套展开了政府采购产品相关标准的制订修改工作等。[①] 2010年,国家环境保护发展中心与英国标准协会签订了关于低碳产品认证的合作备忘录,推进低碳产品认证工作,将碳排放量化指标作为低碳产品的评审指标,将获得认证的低碳产品纳入国家政府的采购清单。鉴于我国政府采购制度改革起步较晚,与政府采购法的规定有一定差距,存在着在操作执行环节不够规范、运行机制尚不完善、监督处罚不到位等问题。

### 三、中国低碳财税收入政策现状分析

#### (一)环境类的税收

我国目前在现行的税收中,涉及环境保护、节能减排、资源回收等政策的有增值税、企业所得税等有关税收条款,整个税种没有明确是以环境保护为课征目的,但是已经具有这一性质的有消费税、资源税等,这些税种虽然在设置时并非是为了环境保护,但是在一定程度上起到了环境保护的作用。我国环境类的税收制度在促进低碳经济中还存在着一定的缺陷:对产生负外部性影响的企业的生产行为缺少直接控制性的税种,缺少对成本进行补偿的税种,没有针对高污染、高能耗、高排放的行为或产品课征的专门性税种,污染物的排放又主要通过相关的税费来调节,缺乏专门的税收导致了我国的大气污染和其他的环境污染的治理效果差,而在发达国家,环境税已经成为其治理环境问题的主要手段;我国现有税种中有关环境保护性质的税收规定缺乏整体设计,互不衔接,难以形成整体、合力,对环境所出现的问题进行系统的调控。

---

[①]　我国将家电和办公设备列入低碳产品认证优先领域[J]. 轻工标准与质量,2010(3).

### (二)税收优惠政策

首先,我国实施了一些税收优惠政策促进低碳经济的发展,但是对低碳经济的促进力度较小,现行税制中促进低碳经济发展的政策主体主要是分散在其他各种税种中,难以形成激励合力。如2008年,国家财政部和国家税务总局发布了对销售再生水、翻新轮胎等自产货物实行免征增值税的政策;2009年财政部、国家税务总局对清洁基金取得的某些收入实行免征企业所得税的政策,但是这些优惠政策都是分散在其他的税种中,难以形成激励合力,导致企业参与积极性高。另外税收优惠力度不够,所优惠的形式多限于免税和减税,政策本身缺乏针对性和灵活性,而且多属于事后鼓励,也在一定程度上影响了税收优惠政策的实施效果;最后,我国低碳经济方面的税收优惠政策与国际脱轨,缺乏世界发展的前瞻性。如我国在节能环保方面,由于征收管理水平的约束,针对个人税收方面的优惠是空白的,不仅与世界税收优惠政策脱轨,也弱化了个人参与环保的意识。

### (三)限制性的税收

限制性税收通过征收能源相关环节的税收,促使其外部成本内在化,从能源消费客体入手引导公众建立节约能源的理念,促使公众产生节能降耗的积极性和主动性。[①] 我国在限制性税收方面还存在着一定的问题:①资源税的设置只是单纯地为了调节资源级差收入,没有将资源税与可持续发展紧密地联系起来,资源税的设置不符合可持续发展的要求,税收的设置没有体现资源保护等作用。如:没有体现出政府对资源的所有权和管理权,没有体现出保护资源和资源开采限制的意图,没有体现资源应有的价值等等,因而无法体现出资源本身内在的价值,无法体现不同资源在经济发展中的作用,不能将资源开采的成本内在化[②],无法有

---

① 樊丽明. 健全限制性税收政策,引导公众建立节能观念[J]. 经济研究参考,2007(54).
② 高清茳. 浅析我国现行资源税体系存在的问题及改革设想[J]. 经济论坛,2008(8).

效地促进资源可持续的开发和利用,最终导致了无法促进企业改变经济增长方式;加之现行资源税的征税范围太窄,没法有效地遏制对自然资源的过度开采。②消费税制不合理,首先,没有体现出对使用新能源或者可再生能源的优惠,如:目前使用汽车消费税只是按照汽缸排量大小征收不同的税率,没有考虑给予使用天然气等新能源的车辆一定的优惠政策;其次,征收的范围有限、范围过窄,没有考虑到资源污染或者严重浪费的一次性用品,没有将资源严重浪费或者污染纳入征收范围,如一次性筷子等;③限制性税收与其他和资源、环境相关的税种协调性差,在车辆购置税、耕地占用税等税收的设置上都忽略了环境保护、资源保护、资源节约的问题。

**四、促进低碳财税发展建议**

(一)建立低碳经济发展的财政预算政策

加大财政预算资金投入是促进低碳经济发展最直接、最有效的手段之一。[①] 在经常性预算中,增设低碳经济发展专项资金,考虑安排相对应的财政支出预算,并以法律法规的形式规定其支出额度、比例和增长的幅度,在具体操作执行的过程中,考虑增设节能减排技术研发支出、节能减排技术推广应用支出、节能减排知识普及和培训支出、清洁能源开发支出、低碳产业发展的投入支出、节能减排监管支出等,建立起财政预算支持低碳发展的长效机制,为低碳经济的发展提供资金保障;建立低碳发展资金专项使用的制度,各级政府、财政监督部门、社会公众要进行有效监督,治理目前资金使用不规范、低效的问题,提高低碳经济专项资金的使用效率。

(二)加大低碳经济发展的财政补贴

首先,在促进低碳经济发展中,选择重点工程进行相关的财

---

① 王波. 低碳经济下财政政策的研究[J]. 商场现代化,2010(8).

政补贴,如区域热电联产工程、工业锅炉改造工程等等,通过重点工程的财政补贴,引导产业结构的升级和经济结构的调整;其次对于从事低碳技术研发的企业、科研单位,给予开发投资和相关建设的科研补贴,积极促进企业的低碳研发,尤其给予清洁生产、开发和利用新能源、废物综合利用的企业一定的财政补贴;最后,制定针对消费者的财政补贴,鼓励消费者节能减排,鼓励消费者使用和消费低碳产品。[①]

### (三)完善政府采购制度

建立低碳认证标准,进一步增加符合低碳产品认证产品的数量,扩大符合低碳产品认证产品的范围,增强政府环保产品认证、采购的引导和示范效应,引导社会团体、公众参与其中[②],进一步促进节能减排;制定合理、规范、科学的低碳采购标准、清单、指南,增加对低碳产品强制购买的数量、种类的规定[③],逐年增加低碳产品法定购买的比例,具体落实低碳产品的购买活动;建立低碳产品采购的监督制度,强化低碳产品的政绩考核,保证低碳采购的具体工作落实到位。

### (四)完善补充环境税收

面对我国目前环境税收存在的问题,建议整合现行税制中具有环境保护、节能减排功能的税种,调整他们的税制要素。[④] 如调整清洁能源增值税的税率,完善消费税,将对环境造成严重污染的消费品纳入征收消费税的范围,对能耗、污染小的清洁产品减免、减征消费税,对享受型的高耗能交通工具实行较高的消费税;调整企业所得税,对低碳生产企业、使用低碳设备的企业等实行企业所得税优惠政策;调整资源税,扩大资源税的征收范围,适

① 王波. 低碳经济下财政政策的研究[J]. 商场现代化,2010(8).
② 同上.
③ 万莎. 发达国家发展低碳经济的财政政策及其经验借鉴[J]. 新金融,2010(5).
④ 张新. 我国节能减排税收政策的改革策略与实施途径[J]. 南京审计学院学报,2009(4).

当提高现行的资源税的税额;开征碳税,对于向自然环境中直接排放二氧化碳的企业和个人征收碳税,采用定额税率形式,起初象征性征收,待时机成熟后,考虑逐步提高税率水平,以便于有效降低温室气体排放,促进我国能源效率的提高,提升企业竞争力等。

（五）优化税收优惠政策

优化整合税收优惠政策,使其系统化。①统一管理发布节能减排的相关税收政策,对目前有关节能减排的税收政策进行梳理和整理,将分散在其他税务部门、涉及节能减排的、涉及环保相关的税收政策进行整合,由税务部门统一公布和管理,提高税收优惠政策的系统性和可操作性[①];②调整税收优惠的范围,加大优惠的力度。加大对新能源,节能减排产业、低碳产品技术的研发、使用的优惠力度;③对高污染、高能耗的电力、石化、冶金等部门可考虑分行制定节能减排税收激励政策;④给予从事节能减排相关的企业一定的税收优惠政策,只要企业从事符合条件的节能环保项目,一律减免,给予优惠。

（六）改革限制性消费税

针对限制性消费税存在问题,建议:①调整计税的方法,在计税时候考虑节能减排的因素,对使用新能源或者是可再生能源在税收上给予一定的优惠;②扩大征收范围,对海洋、森林等资源也加入征收的范围,加大资源保护的力度;同时对造成资源浪费和污染的消费品进行征费。

## 第二节　碳金融政策

低碳经济为金融产品和金融制度创新提供了全新的平台,为

---

① 罗红. 完善我国节能减排税收政策的探讨[J]. 宏观经济管理,2010(3).

传统的货币经济向金融经济转化创造了机遇,在低碳经济背景下,金融发展出现了新方向——碳金融。同时,金融发展和创新——碳金融又促进了经济的发展,碳金融促进低碳技术创新、优化企业生产的结构,促进产品升级等。本节将介绍碳金融产生背景、支撑机理以及发展中的问题,并提出了有效促进碳金融发展对策建议。

## 一、碳金融基本理论

碳金融是指与减少温室气体排放有关的金融活动,碳金融核心是碳排放权,包括与节能减排项目相关的投融资活动、碳排放权以及其衍生产品的交易[①]等。

### (一)碳金融兴起的背景

人类的活动所产生的大量温室气体造成全球的气温上升,世界范围内的气候异常,给人类的生存和发展带来了一定威胁,人们逐渐认识到必须减少大气中温室气体浓度。经过世界各国不断磋商和讨论,逐步形成了两大公约——《联合国气候变化框架公约》和《京都议定书》,两大公约规定了各国温室气体排放的额度,目的是通过国际社会的密切合作,降低大气中的温室气体的浓度,有效地保护生态环境。《公约》规定附件Ⅰ缔约方(包括比利时、法国等多个国家)在 2008—2012 年的第一承诺期将温室气体排放量比 1990 年平均削减 5.2%。其中,欧盟削减 8%、美国削减 7%、日本削减 6%、加拿大削减 6%、东欧各国削减 5% 至 8%。[②]

图 6-1 为《京都议定书》附件Ⅰ国家(浅色)和附件Ⅱ国家(深色)分布情况。《京都议定书》规定,附件Ⅰ国家主要是发达国家和经济转轨国家。附件Ⅱ国家主要是发展中国家。

---

① 王元龙.碳金融与我国商业银行的新机遇[N].金融时报,2009—12—11.
② 许乾.碳汇两种概念的辨析及碳汇市场的发展[J].山东纺织经济,2010(3).

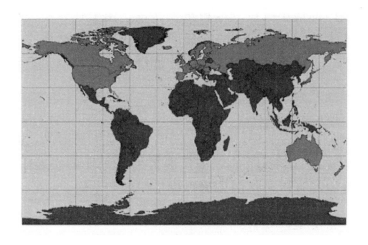

图 6-1 《京都议定书》附件国家

由于温室气体具有全球性,即在世界上任何地方排放(减排)相同数量的温室气体对环境的影响一样。不同国家、不同企业在减排成本上存在着差异,所以《京都议定书》设定了三种灵活的减排机制——国际排放贸易机制(IET)、联合履行机制(JI)、清洁发展机制(CDM)。[①] ①国际排放贸易机制指一个发达国家,将其超额完成减排义务的指标,以贸易的方式转让给另外一个未能完成减排义务的发达国家,并同时从转让方的允许排放限额上扣减相应的转让额度。②联合履行机制是发达国家之间通过项目级的合作,其所实现的减排单位(以下简称 ERU),可以转让给另一发达国家缔约方,但是同时必须在转让方的"分配数量"(以下简称 AAU)配额上扣减相应的额度。③清洁发展机制是京都议定书下面唯一一个包括发展中国家的弹性机制,发达国家通过提供资金和技术的方式,与发展中国家开展项目级的合作,通过项目所实现的"经核证的减排量"(CER),用于发达国家缔约方完成在议定书中的承诺。

这三大机制的共同特点是"境外减排",是境外减排机制,它将发达国家和发展中国家紧密联系起来,共同致力于减排,寻求

---

① 涂毅.国际温室气体(碳)排放权市场的发展及其启示[J].江西财经大学学报,2008(2).

全球范围内的最小减排成本和路径。发达国家通过境外减排,缩小减排成本,达到减排目的;发展中国家获得技术和资金支持,促进发展。三大机制是减排的灵活政策措施,能有效地促进环境保护和经济发展。

《京都议定书》正式生效意味着碳交易制度产生,赋予了稀缺资源环境公共产品产权,碳排放权成为国际市场商品,为全世界各个国家实现"更清洁"的经济发展提供了重要的实施手段[①],也为金融业参与低碳经济的发展提供了广阔的空间。

(二)碳金融的功能

在《京都议定书》《联合国气候变化框架公约》等国际公约的规定下,碳排放权已经成为国际商品,形成了碳交易市场。发展碳金融主要是为了通过建立碳市场,促进全球经济向低碳经济方向转型,实现经济、社会、环境的可持续发展。碳金融是环境金融体系的一个分支,是应对气候危机的重要环节之一,是在市场经济的条件下,能有效解决气候危机、环境危机、能源危机的手段之一,下面介绍主要功能。

**1. 发展碳金融可以降低交易成本**

碳金融作为中介,可以为交易的双方搭建起交易平台和工具,能有效地促进碳交易的形成。三大境外减排机制都需要碳金融才能有效地形成和发展,如在清洁能源机制下,发达国家和发展中国家的减排项目所涉及专业技术性较强,供需双方有零散分散和资本小的特点,发展碳基金快速地促进了相应市场的启动和发展。2005 年以后,碳排放权衍生出其他流动性较高的金融产品,如期权和气候,使得碳交易更加透明、标准、快速。目前碳金融具有中介作用,发挥着信息优势,推动着交易市场的价值链分工,降低了市场交易成本,带动企业、项目、金融机构、中介服务机

---

① 姜伟. 控制温室气体排放与国际贸易发展[J]. 对外经济贸易大学,2007(5).

构进入碳交易市场。金融机构的参与扩大了市场容量，加强了流动性，促使碳市场的整体规模呈指数增长。

**2. 发展碳金融促进减排成本内部化和最小化**

因为碳排放具有典型负外部效应，碳交易发挥着市场机制应对气候变化的作用，促使生产企业承担起碳排放成本，改变了原先的碳排放无人承担或者社会承担的状况。由于不同企业碳减排成本不一，企业可以根据自身的减排成本和碳价格，选择碳交易或者碳减排投资。金融市场为企业提供了跨国、跨行、跨期交易途径，减排成本较高的企业可以通过碳交易市场购买碳排放权，将减排成本转移至减排效率高的企业，或者通过项目转移至发展中国家。金融市场的存在使得减排高效企业和发展中国家承担起减排成本，且减排总成本达到最小。

**3. 发展碳金融加速低碳技术的转移和扩散**

碳排放主要来源于能源消费，发展中国家普遍存在着能源使用效率低下的问题。改变目前发展中国家能源利用效率低下，改变发展中国家对碳基能源的过度依赖的现状，最根本、最直接的途径之一是加快发展清洁能源，加快清洁能源的开发，加快减排技术的研发和产业化，促进经济低碳转型。由于转型成本较高，发展中国家存在着资金缺口和技术发展瓶颈，经济低碳转型更加困难。境外减排中的联合履约机制和清洁发展机制搭建起发达国家和发展中国家的资金、技术输送桥梁，发达国家通过联合履约和清洁发展机制为发展中国家提供了技术和资金。如发达国家通过清洁发展机制，以融资、风险投资、基金等方式向发展中国家提供资金支持，并提供一定的技术支持，促进了发展中国家的技术进步和经济社会的可持续发展。

**4. 发展碳金融促进金融机构的发展**

低碳经济的发展和国际碳贸易的出现，对传统以制造业为服务重点的金融体系提出了挑战①,为了适应和促进低碳经济发展的需要,必须要进行金融创新,发展低碳掉期交易、低碳证券、低碳期货、低碳基金、低碳保理等碳金融衍生品②,发展这些金融衍生品必然要大力发展低碳金融机构,在一定程度上促进了金融中介机构的发展。

(三)碳金融对低碳经济支撑作用分析

### 1. 碳金融促进低碳技术创新

低碳技术的创新过程要经历技术的研发－试用－商品化－产业化等阶段,才能实现技术的创新,才能将技术创新作用于经济实体,进而促进低碳经济的发展。碳金融通过促进企业低碳技术的研发、促进生产企业使用低碳技术、引导消费者消费低碳产品来提升技术的创新,促进低碳经济发展。

碳金融对技术提升的作用有如下的方面:①碳金融为研发企业筹集资金。由于低碳技术的研发需要投入大量的资金,可以通过碳金融发挥资源配置的功能,将单个投资者的资金筹集起来投资于低碳技术研发企业,促使研发企业有足够资金进行技术研发,提高研发效率。②通过金融进行风险管理,降低低碳研发企业风险。由于低碳技术存在着流动性风险(流动性风险是指将资产转化为交换媒介时的不确定性,由于在流动性风险的约束下,投资者往往偏好于选择短期投资,对于长期投资、流动性低、回报高占多数的低碳技术研发项目投资不足)和收益性风险(收益率风险是指市场利率、股息和资产价格波动等因素引起的投资收益率的不确定性)。低碳技术研发企业往往难以独自承受全部的风险,通过金融体系的流动性功能为投资者迅速变现提供了便利,有利于长期资本的形成和资源的配置③;通过金融系统集聚投资

---

① 李志青. 低碳经济是经济形态突破——"后危机时代"的突破口[J]. 经济展望,2009(8).
② 同上.
③ 黄国平. 金融促进科技创新政策和制度分析[J]. 中国软科学,2009(2).

者的资金并投资于大量的低碳技术研发项目,进而分散低碳技术研发企业的收益率风险,因此,金融因素通过发挥风险管理功能,分散低碳技术研发企业的流动性风险和收益率风险,从而促进低碳技术的成功研发。

**2. 碳金融促进产业结构的优化和创新**

碳金融可以发挥资源配置的功能,引导消费者进行低碳消费,如:商业银行对购买使用低碳材料、引用清洁能源等符合政府环保标准的住房提供优惠抵押贷款等,低碳消费必然在一定程度上反馈在低碳生产上,间接地引导产品的结构优化和创新。因此,碳金融在一定程度上促进低碳消费的形成,消费是经济增长的主要动力之一,通过碳金融的资源配置功能来促进低碳产品的消费,最终促进了低碳经济的发展。

**3. 碳金融优化企业生产的结构,促进产品升级**

发展低碳经济必然要改变传统的高污染、高能耗的生产方式,转变为节约能源、减少污染的生产方式,通过碳金融促进企业生产升级。碳金融对高碳生产的企业进行约束,对高耗能高污染高排放的生产企业提高贷款利率;对低碳生产企业在购买低碳技术、低碳设备时提供资金支持、政策优惠等,促进生产企业使用低碳生产技术,促进了产品的升级。碳金融具有提供便利交换功能,推动企业低碳生产,根据《京都议定书》的规定,对本国企业实行碳减排额度控制的同时,允许其进行碳交易,换言之,一个企业减少了预期的碳排放,可以出售多余的额度,并得到相应的回报[①],超出排放额度的企业,必须要购买额外的碳排放额,方可避免政府的罚款和制裁,碳交易的产生激励生产企业采用先进的设备、流程、技术,将节约的碳排放额度放入碳交易市场进行碳交易,获得一定的经济收益。

---

① 于天飞. 碳排放权交易的市场分析[J]. 林业经济,2008(5).

## 二、我国碳金融现状分析

在中国人民银行、国务院、国家环保总局、银监会等机构联合下,我国出台了相关的促进节能减排、节能环保的系列政策,如出台颁布了《关于贯彻信贷政策与加强环境保护工作有关问题的通知》《关于环境保护若干问题的决定》《关于落实科学发展观加强环境保护的决定》《关于落实环境保护政策防范信贷风险的意见》等法律法规,出台了关于节能环保、保护环境的信贷措施政策,推行了绿色金融、保险,初步构建了我国碳金融发展的政策框架,在碳金融框架的制定下,我国的碳金融发展迅速:首先,不少金融机构参与碳金融的发展,工商银行开展绿色信贷,兴业银行开展全方位的节能减排贷款业务,北京银行开展能效贷款业务、国开银行开展针对低碳相关技术研发和项目应用的融资,涉及金融租赁模式、节能服务商模式等等;其次,碳基金起步发展,我国自从2007年推出绿色碳基金以来,已经在北京、上海、大连等地相继启动,并在此基础上发展其他类型的碳基金,发展了绿色产业投资基金、低碳产业基金、城市发展基金、社会责任股票型基金、低碳先锋基金等,碳基金发展迅速、基金规模不断扩大,基金额不断增长;碳交易发展迅速,我国碳金融业务主要基于清洁能源发展机制的项目下的投融资以及相关中介服务等[1],我国基于清洁能源项目机制的项目逐年增多,注册数量和年减排量均居世界第一,我国所依托清洁能源发展的"碳金融",发展空间广阔,商机巨大;碳交易体系逐步完善,已经成立了相关的环境和能源交易所,完善交易规则,促进交易发展。尽管我国碳金融业务有着广阔的发展前景和利润空间,但由于对碳金融业务的认识不足,目前金融机构并没有广泛而深入的介入其中[2],开展的业务模式相对单一,中介市场发育也不完全,促进碳金融发展的政策措施不到位,金融机构的外部激励和动力不足等,直接影响了我国碳金融发展。

---

[1]　王元龙.碳金融的发展与商业银行的应对[J].中国科技投资,2009(7).

[2]　同上.

（一）碳金融知识短缺

碳金融是新兴事物，对我国大多数的政府部门、金融机构和企业来说，都是新鲜事物。他们对碳金融业务的业务知识、利润来源、风险管理、运作模式、交易规则与具体程序等，缺乏应有的知识储备，同时缺乏精通碳金融业务流程的专业人才。[①] 在这种情况下，各参与主体难于开展碳金融相关业务，从而阻碍了碳金融业务的开展。[②]

（二）中介市场不发达

碳交易和碳金融业务的交易规则和要求严格，开发程序复杂，销售合同涉及境内、境外，只有专业机构才能承担起此类项目的咨询和指导工作。[③] 我国的相关中介机构尚处于起步阶段，机构数量少，业务比较单一，中介机构难以开发和进行大量的金融业务，难于开展碳金融相关的中介业务。[④] 另外，缺少专业技术咨询体系的机构也难于提供分析、评估、规避风险等专业咨询业务。[⑤]

（三）碳金融相关的产品创新不足

金融机构是低碳金融的主要参与者之一，但是国内金融机构对碳金融的认识十分有限，缺乏与碳金融相关的产品创新。当前碳金融产品品种相对单一，碳金融产品仍以信贷为主。目前在我国的碳交易市场上缺少碳期货、碳证券等各种碳金融衍生品的金融创新。[⑥] 通过股市和债券市场融资的比例不高。融资方式除流动资金贷款和项目贷款外，更缺乏多元化的融资方式。

---

[①] 王倩. 中国碳金融的发展策略与路径分析[J]. 社会科学辑刊, 2010(3).

[②] 吴玉宇. 我国碳金融发展及碳金融机制创新策略[J]. 上海金融, 2009(10).

[③] 成万牍. 我国发展"碳金融"正当其时[J]. 中国科技投资, 2008(7).

[④] 李瑞红. 对我国发展碳金融的几点思考[J]. 广东经济, 2010(6).

[⑤] 同上.

[⑥] 周懿萍. 发展低碳经济的金融支持研究[J]. 理论月刊, 2010(5).

（四）碳金融的政策支持不足

政府是我国经济发展的主导力量，缺少政府的参与，碳金融发展和经济发展方式的转变将很难完成。由于政府部门缺乏相关的专业知识以及对传统经济发展方式的依赖，造成了政府部门没有对碳金融相关的企业和业务实施利率补贴、税收优惠和风险补偿等方面制定激励政策。企业在信息不对称、缺乏政府支持的情况下，在国际竞争中处于不利的位置，从而缺乏开展碳金融相关业务的内在动力。同时绿色企业上市发行股票、公司债券、企业债券融资等方面也缺乏相应的支持措施。

（五）碳交易市场不成熟

随着碳交易市场规模的不断扩大，发达国家围绕着碳交易，构建了一系列金融工具，有效地支撑碳金融体系。我国虽然有丰富的碳减排资源和巨大的碳交易市场潜力，但支撑碳金融发展的配套工具和配套措施相对落后，缺乏成熟的碳交易市场制度、交易场所和交易平台等交易工具，金融机构和企业即使有参与碳交易的愿望，也很难真正通过有效的渠道融通资金。

### 三、促进碳金融发展建议

（一）树立低碳发展理念，构建多元参与体系

政府部门应首先树立低碳经济的发展战略，及时调整发展方式，对国家产业政策和信贷政策支持的行业和产业，应鼓励金融机构加大支持力度。各类金融机构应树立低碳发展理念，坚决落实国家低碳发展的政策方针，构建多元参与体系，共同推进低碳发展，如：为发展低碳的企业在证券市场上市融资，开辟发展的"绿色通道"；给予符合低碳发展政策的企业在债券市场上适当的政策倾斜，给予债券市场上的政策支持和资金支持；给予低碳发展的产业以投资基金，给予研发低碳技术的企业以风险投资基

金,引导和鼓励民间资本参与低碳经济的发展,通过构建多元参与体系,推动低碳经济发展。

(二)转变经营理念,建立碳金融创新体系

金融机构应重视碳金融业务,应逐渐认识到开展碳金融业务,不仅仅拓宽了自身业务,增加了利润来源,提高了竞争力;还有助于树立金融机构自身良好的社会形象,实现金融机构健康、快速、可持续发展。因此,金融机构在重视基础的碳金融业务时,还要加强金融业务的创新,探索与国家接轨的碳金融工具、碳金融衍生品的金融创新的研发,加强与国际碳金融的合作与监管,进一步推动金融创新。

(三)以碳交易为平台,建立碳金融交易体系

参考国际上碳交易机制,进一步探索我国的碳排放配额制度,建立碳排放交易市场[①];通过金融市场发现价格功能,进一步协调不同经济主体的利益,发展金融市场的功能,鼓励和引导产业结构优化和升级,促进经济发展方式的转变[②];政府应尽快推动碳交易机制的设计,完善交易规则、建立交易平台、扩展金融衍生品等[③];理顺政府、企业、金融机构的关系,并且针对未来我国可能承担的碳排放责任,深入研究其在区域间的成本分担和利益补偿机制[④];要培育金融中介机构,鼓励专业性的中介机构参与到碳金融业务等[⑤]。

(四)构建激励机制,建立政策支持体系

"碳金融"具有涉及面广、参与度高、政策性强等特征,碳金融

---

①　王天慧. 低碳经济背景下碳金融发展的国际借鉴与启示[J]. 经济与法,2010(5).

②　李红忠. 金融支持区域经济由"资源型"向"循环型"转变的调查与分析[J]. 武汉金融,2007(12).

③　吴世亮. 推进我国碳交易与碳金融发展的渠道与措施[J]. 浙江金融,2010(5).

④　同上.

⑤　成万膜. 我国发展"碳金融"正当其时[J]. 中国科技投资,2008(7).

的发展是系统复杂的工程[1]，需要各个政府部分、各个监督机构形成合力，共同制定标准和规则，促进碳金融发展，促进经济社会可持续发展，依据可持续发展原则制定标准和规则，构建激励机制，通过税收减免、成立低碳发展基金、信贷优化、利息补贴等手段，支持碳金融发展。

## 第三节　低碳经济发展的产业政策

产业政策从宏观层面上包括产业结构政策、产业组织政策、产业布局政策、产业技术政策。[2]　自从提出发展低碳经济以来，我国的产业政策的重点由过去的促进经济"量的扩张"转变到"质的提高"，这是实施生态文明发展战略的需要，是发展低碳经济的必然需求，是落实科学发展观的必然要求。

### 一、我国低碳经济产业政策效应评价

我国颁布了《环境保护法》《循环经济法》《国务院关于加强节能减排工作的决定》《可再生能源建筑应用专项资金管理暂行办法》《关于加快关停小火电机组若干意见》等法律政策。国家以节能减排作为我国产业政策的新起点，同时加快发展新能源产业，不少地方出台了相应的政策，如上海出台了关于促进上海新能源产业发展的若干规定》及《关于促进上海新能源汽车产业发展的若干政策规定》，并进行了低碳园区的建设和发展，低碳经济产业政策有效地促进了低碳经济发展，并取得了一定的成效，但是从客观来看，我国构建和发展低碳经济产业政策方面亟待改进。

（一）产业结构政策导致产业发展失衡

所谓产业结构政策，是指通过调整产业的构成比例、相互关

---

[1]　成万牍. 我国发展"碳金融"正当其时[J]. 中国科技投资，2008(7).
[2]　王健. 产业政策法若干问题研究[J]. 法律科学，2002(1).

系和产业发展顺序,实现产业结构合理化和高级化而实施的政策。[①] 我国产业发展在产业内部和地区产业间发展都存在着失衡,主要表现在:

(1)我国传统的一、二、三产业之间结构失衡,我国虽然对产业结构进行优化和调整,使其尽量符合世界产业发展的规律,但是整体而言,我国的三次产业结构还存在着失衡的现象,如表 6-1 所示。

表 6-1 2008 年世界主要地区三次产业占 GDP 的比重(%)

| | 中国 | 低收入国家 | 中低收入国家 | 中等收入国家 | 高收入国家 | 世界 |
|---|---|---|---|---|---|---|
| 第一产业 | 11.3 | 24.8 | 10.5 | 10.1 | 1.4 | 3.0 |
| 第二产业 | 48.6 | 27.7 | 36.6 | 36.9 | 26.1 | 28 |
| 第三产业 | 40.1 | 47.5 | 52.9 | 53.0 | 72.5 | 69 |

注:数据来源于国际统计年鉴 2010。

表中的数据显示,我国的第一产业比重偏高,高于中低收入的国家,第二产业比重很高,高于低收入国家,高于工业发达的国家;第三产业比重则大大低于发达国家,也低于中低收入国家,我国三产产业结构不合理。出现产业结构不合理,究其原因:我国处于工业化发展中期阶段,第一产业比重和第二产业比重偏高,第三产业偏低。同时,由于我国曾视服务业为不创造社会财富的非生产部门,在政策制定上,长期实行服务低价制,损害服务业的利益,挫伤了服务业发展的积极性,导致服务业起步晚,发展滞后,产业比重偏低。

(2)新能源产业发展失衡,我国目前过分注重部分新能源产业的发展,出台了一系列支持新能源产业发展的政策,《中华人民共和国新能源法》《中华人民共和国新能源法实施细则》等法规,并对新能源使用有优惠政策、税收减免等,导致发展失衡,主

---

① 郝静.循环经济目标下我国的产业政策——日本的经验与启示[J].理论学刊,2009(5).

要表现在：首先部分新能源产能过剩，尤其是光伏光电产业产能过剩；其次是新能源产业出现投资不均衡，偏重于对太阳能和风能的投资，忽视对诸如地热能、生物质能的投资；再者是城乡发展出现了发展不均衡的状况，新能源的发展主要出现在城市，忽视了市场广阔的农村；最后我国的新能源产业发展的层次较低，主要集中于低端的制造环节，其他环节的发展落后，如研发环节。

（二）产业组织政策对中小企业发展低碳经济动力不足

制定产业组织政策可实现三大目标：①产业内部资源的合理利用，实现产业内部资源合理、有效、最优配置；②实现企业内部资源的合理利用，实现企业内部的资源合理、有效、最优配置；③促进或者实现企业规模的不断扩大，企业的规模只有到达一定的规模程度，企业的生产才能产生规模经济和聚集经济，有效地促进经济增长。我国中小企业规模比较小，虽然我国制定积极的政策措施，促进企业规模的扩大，如：制定《中小企业促进法》，设立中小企业发展基金，但是对于数量众多的中小企业而言，促进效果甚微。从产业政策的角度出发，需要解决如下的问题。

**1. 促进中小企业发展的配套服务落后**

中小企业因为规模小、资金匮乏等原因，在技术研发，信息获得等方面缺乏优势，需要政府提供政策支持、资金支持，以促进其发展。虽然在我国的法律、法规、政策中明确规定要大力发展中小企业，为其发展提供免费或者廉价的专业咨询组织，但是在实际上，专门为中小企业提供服务的平台建设落后，企业在发展中受到技术、信息等方面限制，发展缓慢。[①]

---

① 郝静．循环经济目标下我国的产业政策——日本的经验与启示[J]．理论学刊，2009(5)．

**2. 给予中小企业资金支持**

中小企业在发展过程中需要大量的资金,但是由于中小企业自身规模小、效益小等原因,很难获得相关金融机构的贷款扶持等,因此绝大部分的中小企业只有通过政策的支持、扶持才能获得发展资金,由于我国对中小企业的资金支持明显不足,使得中小企业在发展高新技术产业、研发低碳先进技术、引进先进技术和工艺等方面受到资金的障碍,发展受阻。[1]

**(三)产业布局政策不适应低碳经济发展要求**

制定产业布局政策最主要的目的是:①实现产业空间分布的合理化;②实现产业空间组合合理化。制定低碳产业布局政策最集中、最重要的内容之一是制定低碳园区的发展规划,促进低碳园区发展。低碳园区是园区在温室气体排放总量和排放强度上均须体现低碳;园区系统在减碳的同时能够满足园区必要的运行;园区碳排放量的最小化与社会产出的最大化;低碳园区必须实现其社会价值的最大化。[2] 即低碳园区必须在规划、设计、建设、运行等各个环节均保证低碳,实现园区经济、能源、环境多目标的持续发展;园区在生态、经济、社会效益最大化的前提下,实施面向低碳的园区系统综合管理、优化和调控。[3]

我国目前低碳园区发展迅速,深圳建立了我国第一个低碳产业园区,长春将打造千亿级的低碳产业园区,昆山引入海外资源打造低碳产业园区,低碳经济园区的形式多样:低碳科技园、低碳工业、低碳物流园,低碳技术应用示范园、低碳中央商务区,不同种类和模式的园区定位不一,发展方向不一。具体如表 6-2 所示。

---

① 郝静. 循环经济目标下我国的产业政策——日本的经验与启示[J]. 理论学刊,2009(5).

② 伊石. 揭秘高端低碳园区标准——访北京高端低碳园区研究中心首席科学家,北大教授陈国谦[J]. 中关村,2010(5).

③ 同上.

表 6-2　各种园区定位及其特征

| 低碳园区形式 | 园区主要特征 | 吸引入驻企业种类 |
|---|---|---|
| 低碳科技园 | 以促进低碳技术研发为主要特征 | 吸引有实力的科技型公司和吸引技术创新、研发企业入园 |
| 低碳产业园/工业园/物流园 | 以低碳技术产业化、低碳经济发展相关的成套设备生产、低碳生产制造、低碳物流运输等为主要特征 | 吸引低碳领域的高新技术企业、低碳节能的设备制造商、满足低碳标准的生产制造运输企业、专业咨询中介机构等 |
| 低碳技术应用示范园/生态园 | 以低碳技术应用,清洁能源开发、研究和利用为主要特征 | 吸引低碳技术应用企业,应用低碳技术的建筑及社会机构,交通、能源等公共服务机构 |
| 低碳 CBD | 以低碳技术应用、清洁能源使用、CDM 交易等为主要特征 | 吸引应用低碳技术的建筑、企业、商业机构、交通、能源等公共服务机构 |

但是由于我国产业布局政策不明晰,引导方向不明确,我国的低碳园区在发展中出现了若干问题,主要表现在:

**1. 低碳模式亟待升级**

我国目前低碳经济的发展处于起步阶段,低碳经济园区的规划、开发、建设、运营等相关评估标准不明确,需要进行实践和理论的进一步探索,在此背景下,各地低碳园区发展的方向、开发的标准、运营的层次都存在差异。在缺乏国际合作、缺乏低碳技术支撑、缺乏低碳交易体系衔接的背景下,我国的低碳经济园区的发展可能形同虚设,无助于低碳模式的打造,反而加重低碳经济园区的运营成本,扭曲了低碳经济园区的发展定位。

**2. 功能定位单一**

目前国际上发展较为完善的低碳经济园区是集技术研发、成果转化、碳金融、碳咨询等多方面为一体的综合园区模式,掌握了低碳领域的高端技术,已经形成了低碳经济规模。低碳园区内涵:技术开发、成果转化、低碳成套设备生产、低碳建筑、低碳物流等等相关的服务体系,低碳产园区的功能定位相对单一,在技术研发、碳交易、碳金融业等方面明显落后,容易导致园区内产业重复建设,无法建立顺畅高效的产业链,无法形成低碳领域的核心竞争力,不利于与国外同行的沟通、交易,加大了国家间的技术差距。

### (四)产业技术政策对低碳经济的推动作用不足

通过产业技术政策对产业发展的技术进行宏观指导,有效发挥低碳技术推动经济发展的作用。技术是推动低碳经济发展的核心、关键力量,产业技术政策因此成为低碳经济产业政策的核心内容之一。[①]我国为了促进低碳技术的进步,出台了《关于加快促进我国低碳技术创新的建议》,促进低碳技术发展,但是目前我国科技实力不强,《2009—2010全球竞争力报告》显示:与科技相关的一些指标中国排名较靠后,如科技成熟度仅位列第79名,高等教育及培训指标位列第61名[②],我国的技术对经济增长的贡献率低,导致我国产业技术水平偏低的因素主要有以下几点。

#### 1. 对产业技术的法律支持和保障体系不完善

我国目前没有制定专门针对发展低碳技术的法律法规,只是出台了促进技术进步的法规,如出台了《中华人民共和国科技进步法》等法律法规,各地相继出台了一些促进技术发展的法律法规,但是所出台的法律法规只是支持低碳技术的某一方面,或支持新能源研发,或支持环境污染治理等,尚未形成完善、完整的支撑或者是保障体系促进低碳技术研发、利用和推广;对低碳技术

---

① 郝静. 循环经济目标下我国的产业政策——日本的经验与启示[J]. 理论学刊,2009(5).
② 蔡拥军,郑晓奕. 世界经济论坛:中国科技竞争力有待提升[N]. 新华网,2009-09-17.

的发展缺乏深刻的认识,尚未制定配套的保障措施、实施细则,如:技术投资政策、技术人才的激励政策等等[①],技术发展的法律法规体系。需要制定完善有效的措施政策促进低碳经济发展,适应低碳经济发展的目标。[②]

**2. 研发资金投入太少**

低碳技术的发展是较为先进的技术,需要大量的科研资金,虽然我国在逐年增加科研经费的支出,但是研究经费所占的比重依然很小,远远不及德国、英国等国家,研发资金缺少致使许多低碳技术的研发无法顺利展开和深入。

**3. 核心技术落后**

我国在发展低碳经济关键技术方面远远落后于发达国家,诸如在电力行业中煤电的整体煤气化联合循环技术、热电多联产技术、高参数超临界机组技术等,中国的节能技术远远不成熟;在可再生能源和新能源技术方面,如:高性价比太阳能光伏电池技术、氢能技术、燃料电池技术等技术远远落后于欧洲、美国等国外发达的国家;在交通领域的混合动力汽车的相关技术、汽车燃油经济性问题还处于探索阶段;化工、建筑、冶金等领域的节能减排技术还需要完善和改进,低碳经济的整体技术相对落后。[③]

**二、完善我国低碳经济产业政策的对策建议**

针对我国发展低碳经济的产业政策所存在的问题,有针对性地提出完善低碳经济产业政策的对策措施,主要可以考虑如下的对策。

---

① 郝静 . 循环经济目标下我国的产业政策——日本的经验与启示[J]. 理论学刊,2009(5).

② 同上 .

③ 金乐琴 . 低碳经济与中国经济发展模式转型[J]. 经济问题探索,2009(1).

（一）优化产业结构

通过技术改造传统的钢铁、水泥等产业，优化传统的产业结构调整，在重视发展传统工业的同时，加快发展现代物流、创意产业、保险、金融文化、科学研究、技术服务等现代服务业，降低 GDP 的碳强度。在新能源产业的建设上，应坚持均衡发展，加强重视发展生物质能，重视均衡投资等。

（二）着力培育中小企业

我国发展低碳经济刚刚起步，处于探索发展阶段，面对产业的主要组织形式——企业发展规模小，组织零散分散等现状，产业组织政策完善的重点是：政府要改变对企业的管理方式、模式[1]，建立起企业和政府互动的新模式，在产业决策过程中，要广泛听取企业界的意见，充分考虑企业向低碳经济转型所面临的实际条件和困难，使得政策具有明确的目标导向，减少未来发展的不确定性[2]；制定和采取扶持政策通过改组、兼并、控股等形式，有选择性地培育一批有发展潜力、有一定发展基础、有一定规模的企业或者是企业集团，提高低碳经济产业整体的规模，在中小企业内部要建立良好分工合作，提高产业发展的层次，延伸产业链，形成相对完整的产业链条，形成产业集群，避免企业在发展过程中资源不足、规模较小。[3]

（三）科学引导低碳经济园区建设

建设低碳园区能有效的、同时实现三大目标：第一，实现产业结构的优化调整；第二，转变经济发展方式；第三，促进实现低碳经济，建设低碳园区能将三者有效地结合在一起[4]，在发展低碳经

---

[1] 郝静．循环经济目标下我国的产业政策——日本的经验与启示[J]．理论学刊，2009(5)．
[2] 金乐琴．低碳经济与中国经济发展模式转型[J]．经济问题探索，2009(1)．
[3] 郝静．循环经济目标下我国的产业政策——日本的经验与启示[J]．理论学刊，2009(5)．
[4] 同上．

济园区时要考虑地方特点,在充分研究论证的基础上,发展一批既有地方特色,又能优势互补的低碳经济园区,尤其是在先进技术的开发、运营机制的完善和相关行业的融合方面进行探索。因此:①搭建对接平台,及时承接先进技术。先进技术促进集约化发展,促进产业特色不断深化,才能保障低碳园区健康发展,低碳经济在发展的同时会催生出一批先进的技术成果,低碳园区在规划和建设时应立足长远,充分考虑未来技术发展的方向,预留足够的空间对接先进技术,确保低碳技术的引进和消化;②逐步完善运营机制,确立园区特色品牌。运营水平决定园区整体形象以及园区影响力,因此要不断提升低碳经济园区的运营水平,加强品牌建设,努力为园区提供完善的基础设施和配套的发展政策,在运营过程中严格把握高碳门槛,严格引进三低一高的大项目和企业,做大做强低碳产业和低碳经济,推进能源高效利用,促进技术创新和发展方式转变,系统地推进园区特色品牌建设;③加快推进产业融合,实现园区综合发展。加强园区内外企业、机构的合作,打造完善的产业链,实现上下游产业的对接,同时引进从事碳金融及谈咨询业务的机构,及时了解国内外发展的最新动态,搭建国际低碳经济发展的信息平台,提升服务的水平。

### (四)加大技术的扶持力度

我国发展低碳技术已经确定了未来低碳技术发展的重点和方向,并取得了一定的成效,但是和国际发达国家相比,我国技术的研发水平和应用水平远远滞后于发达国家,我国尚未掌握发展低碳经济的核心技术,研发机构所研发的技术未能大大提高能源的利用效率,未能大大减少碳排放的技术,因此我国要通过加大科技投入力度,建立科技孵化器、科技产业园、中小企业创新基金等科技政策;多方吸引和筹集资金,鼓励企业、民间资本等私营部门涉足低碳技术研发领域,并制定法律法规,保护自主知识产权,为企业技术研发提供更多法律层面的支持和保障;加大技术财政预算,致力于制定吸引外资投资的环保企业,引进国外先进节能技术,减排技术,对于引进国外先进技术的企业给予税收优惠等;同时搭建连接产、学、研的政策桥梁,建立起低碳技术服务中心,开展技术方面的咨询和服务,如搭建融资平台、构建服务中介、提供信息等等,从技术方面促进低碳经济的发展。

# 第七章　我国发展外围支撑体系对策建议

发展低碳经济还需要完善外围支撑体系；完善能源法律法规；加强法规和标准的执行；参与国际低碳规则的制定，谋求更大的发展空间等等，通过完善外围支撑体系，更好地促进低碳发展。

## 第一节　完善低碳评估机制，建立评价体系

完善低碳评估机制，最重要的措施就是要建立低碳经济评价体系，反映低碳发展的状况、评价成效和预测未来趋势，并在实践中规范人们的经济行为。低碳经济的评价研究是以低碳经济发展原则为基础，结合其特点，能够定量评价所描述经济低碳化发展程度。低碳经济发展评价体系的制定不仅是量化低碳经济发展的基础性工作，也是低碳经济发展理论研究的基本内容，是评判低碳经济发展的重要依据。

### 一、低碳经济评价体系意义

低碳经济是应对世界气候变暖的环境危机和能源紧缺的资源危机而提出的，我国提出发展低碳经济是由于我国传统的经济增长方式，片面追求经济高速增长，将大量消耗资源能源、排放温室气体以及污染物置于生产成本之外，导致资源消耗程度、环境污染程度与国民经济发展不同步，因此，低碳经济应坚持将资源保护与环境治理，能源节约，温室气体等污染物减少作为发展低碳经济的目标与衡量发展水平的尺度，作为促进经济社会又好又快发展的重要参考指标。

（一）对经济社会发展现状具有评价作用

低碳经济评价指标体系的建立是对经济发展、温室气体排

放,生态环境保护、资源能源消耗和环境质量变化、低碳意识等多方面进行综合评价。低碳经济的指标体系是我们国家全面贯彻落实科学发展观、发展生态文明的重要创举,是经济低碳化综合评价和准确描述最直观的尺度。该衡量体系与传统的单纯以GDP 数据为核心的统计方法不同,它是以科学发展观为指导,重视经济、环境、资源的发展,以单位产出取代经济总量,以效益上升取代 GDP 增长,以无形资源取代有形资源,强调了温室气体对环境气候的影响,突出资源的有效、综合利用,特别注重经济发展质量,是对经济、社会、环境等多方面的综合评价。

(二)对经济社会的整体运行具有监测作用

低碳经济的评价体系建立是衡量某一区域低碳经济发展的总体水平或者进行区域间低碳经济发展水平比较,根据预先设定的标准对经济进行评价,根据衡量的结果,从比较中找差距和薄弱环节,并分析落后的原因;及时发现问题,监测和揭示该区域建设中问题产生的原因,及时提供给当地管理部门,以便采取对策,发挥监测作用,促进本区域经济的发展。

(三)对经济社会的可持续发展具有导向作用

低碳经济的评价体系建立,较为准确地反映低碳经济发展进程,在发展的过程中,根据预先设定的目标值、利用预测手段制定本区域的发展战略规划,以进行有效的宏观管理。引导企业优化产业结构、引导企业引进低碳相关技术,引导政府制定相应的扶持政策,促进当地政府完成其自身的发展规划和目标,通过评价对整个经济社会的可持续发展有导向作用。

**二、省区低碳经济评价**[①]

自从我国提出大力发展低碳经济,各地进行了低碳城市、低

---

① 李晓燕.基于模糊层次分析法的省区低碳经济评价探索[J].华东经济管理,2010(2).

碳社会等实践活动,理论界对低碳经济内涵、发展路径、实施政策进行了大量的研究,丰富了低碳经济的理论和实践,并逐渐形成了有机组合的发展体系。但是,在全面推进低碳经济发展时,如何有效地、全面地反映低碳经济发展水平、发展效率、发展效果,系统体现区域间发展低碳经济水平的差距,及时修正发展的战略途径,提出对应的政策和对策,是我国目前理论界亟须突破的重点,实践的发展需要研究和制定评价体系。

（一）构建省区的低碳经济评价指标体系

**1. 省区低碳经济指标构建的原则**

低碳经济是以科学发展观为指导,按照发展低碳经济目标为建设要求,低碳经济评价指标体系的构建必须遵循如下的原则。

系统性原则:低碳经济是复杂的系统,因此,构建指标体系时应该从系统的角度出发,把一系列与低碳经济发展有关的指标有机地联系起来,注意指标体系的层次性、同级指标间的互斥性以及实现上一级目标的全面性。

可操作性原则:构建指标体系目的主要是对目前的低碳经济水平进行评测,因而,该指标体系应具有很强的操作性,设计的指标体系要尽可能涵盖现有统计数据和易于收集到的数据,对于目前尚不能统计或者无法收集到的数据和资料,暂时不纳入指标体系。

目标性原则:评价指标的设计要具有一定的超前性、激励性和导向型,利用评价体系对省区低碳经济发展水平进行评价后,能指导省区低碳经济未来发展方向。

**2. 省区低碳经济评价方法的技术路线**

第一步:以低碳经济建设目标的层次性为指导,建立包含目标层、准则层、指标层的指标体系,较为全面地反映省域低碳经济。构建省区低碳经济评价指标体系难点在于建立准则层,准则层起承上统下的作用,设计当否将关系到整个指标体系的质量。本文尝试将省区低碳经济评价指标分为经济发展系统、低碳技术系统、低碳能耗排放系统、低碳社会系统、低碳环境系统(自然)、低碳理念系统六大类作为省区低碳经济评价的准则层,主要基于以下考虑:①国家环保总局颁布试用的低碳城市指标体系是目前国内比较完整的低碳城市建设指标体系,其将建设指标分为经济发展、环境保护、社会进步三大类,较好地体现了区域经济、社会、生态环境协调发展的思想,为构建省区低碳经济指标体系提供了很好的框架。②低碳技术系统在建设低碳经济中占据较重要的位置,应从层次上给以体现,低碳技术涉及电力、交通、建筑、冶金、化工、石化等传统部门,也涉及可再生能源及新能源、煤的清洁高效利用、油气资源和煤层气的勘探开发、二氧化碳捕获与埋存等众多新领域。"低碳技术几乎涵盖了国民经济发展的所有支柱产业,从某种意义上说,谁掌握了发展低碳核心技术,谁就将赢得商机、获得话语权"[①],可见低碳技术系统在低碳经济建设中的地位很重要,把低碳技术系统放在准则层,有利于加强社会、政府、企业对低碳技术的重视。③低碳能耗排放系统属于反映节能减排的量化指标层,而发展低碳经济的目的是减少温室气体的排放,减少能源的消耗,特别是近年国家相继出台了建设节约型社会、发展生态文明等政策,更进一步显示出低碳能耗排放在我国小康社会建设中的权重,因此本文把低碳能耗排放系统放在准则层。④低碳理念系统拟在反映人们对低碳经济的重视程度。

　　将低碳经济评价指标体系分为上述的六大类能较好地体现系统的组成。至于指标层的指标选择,主要参考国家环保总局颁布试用的低碳城市建设、生态城市建设指标体系、生态省建设指标体系等,并采用理论分析法和频度统计法进行最终取舍补充。论文设计的省区低碳经济评价指标体系框架图如图 7-1 所示。

---

① 发展自有低碳技术势在必行[N].经济日报,2009-01-07.

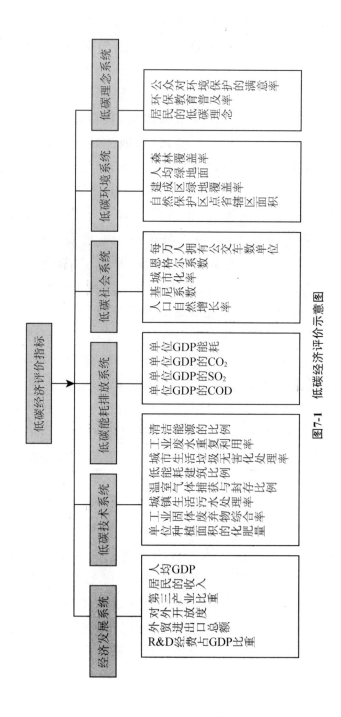

图7-1　低碳经济评价示意图

第二步：确定指标目标值。论文借鉴政府工作目标要求、生态省的建设目标值、低碳经济发展的部分目标值、全国低碳经济发展较好省份的相关指标值，然后采取专家咨询的方式，最终确定了省区低碳经济发展的目标值，力求目标值设定科学、合理。

第三步：应用模糊层次分析法确定权重。模糊层次分析法采用三标度（0、0.5、1），其三标度法属于互补型标度，通过数值度量各元素之间重要关系，符合人们的思维逻辑，简单明了。建立的优先判断矩阵虽然粗糙，但简单易建，由优先判断矩阵改造而成的模糊矩阵，满足一致性条件，无须再进行一致性检验。[1] 通过模糊层次分析法确定各个准则层的相对重要性，即权重。在论文中使用 Excel 软件进行操作，应用的具体步骤如下。

（1）建立判断矩阵（优先矩阵）

$$f_{ij} = \begin{cases} 1 & c(i) > c(j) \\ 0.5 & c(i) < c(j) \\ 0 & c(i) = c(j) \end{cases} \quad (1)$$

式中 $c(i)$ 和 $c(j)$ 由此分别为标度 $f_i$、$f_j$ 相对重要程度。[2]

（2）将优先关系矩阵 $F = (f_{ij}) m \times n$ 转化成模糊一致矩阵 $Q = (q_{ij}) m \times n$，模糊一致性矩阵满足一致性条件，没有必要再次进行一致性检验，对 $F$ 做行求和以及行变换：

$$q = \sum_{j=1}^{m} fij \quad i = 1, 2, \cdots, m \quad (2)$$

$$q_{ij} = \frac{(q_i - q_j)}{2m} + 0.5 \quad (3)$$

（3）利用和行归一法得到权重向量，模糊一致矩阵 $Q = (q_{ij}) m \times n$，$Q = q_i$ 每行元素的和（不包含自身比较）及不含对角线元素的总和：

$$l_i = \sum_{j=1}^{m} q_{ij} - 0.5 \quad i = 1, 2, \cdots, m \quad (4)$$

---

① 李永，胡向红，乔箭. 改进的模糊层次分析法[J]. 西北大学学报（自然科学版），2005(1).
② 康颖，薛联青. 改进的模糊层次分析法在综合水价确定中的应用[J]. 节水灌溉，2008(1).

$$\sum_i l_i = m(m-1)/2 \qquad (5)$$

由于 $l_i$ 表示指标 $i$ 相对于上层目标的重要性,所以对 $l_i$ 归一化处理即可得到各指标权重

$$w_i = \frac{l_i}{\sum_i l_i} = \frac{2l_i}{[m(m-1)]} \qquad (6)^{①}$$

在实际的操作中使用 Excel 软件,具体的权重见表 7-1。

第四步:对指标数据进行无量纲化处理。

对于正指标: $C_{ki} = X_i / U_i$,对于负指标: $C_{ki} = U_i / X_i$

其中 $X_i$ 为现值, $U_i$ 为目标值。

第五步:结合指标权重和无量纲化的指标值计算低碳经济综合评价指数:

$$Y = \sum_{k=1}^{n} \left( b_k \sum_{i=1}^{n} a_{ki} C_{ki} \right)$$

上式 $Y$ 是省区低碳经济综合评价指数, $a_{ki}$ 是判断矩阵中隶属第 $k$ 项中一级指标的第 $i$ 项二级指标的权重, $b_k$ 是第 $k$ 项中一级指标的权重, $C_{ki}$ 是判断矩阵中隶属于第 $k$ 项一级指标的第 $i$ 项二级指标的标准数值。

通过对比发达国家低碳经济发展水平,对比我国低碳经济发展较好省份的低碳经济发展水平,本文对低碳经济综合评价指数标准进行设定:综合指数处于(100~80)为低碳经济;处于(80~60)为中碳经济,处于(60~0)高碳经济。

(二)四川省评价结果及其分析

**1. 四川省评价结果**

本文以四川省为例进行方法的应用和评价其低碳经济发展阶段,具体数据分析见表 7-1。

---

① 康颖,薛联青. 改进的模糊层次分析法在综合水价确定中的应用[J]. 节水灌溉,2008(1).

表 7-1　四川省低碳经济评价指标数据分析(2008 年)

| 目标层 | 一级指标 | 一级指标权重 | 二级指标 | 二级指标权重 | 现值(2007) | 标准值(省) | 指标类别 | 各项指标综合指数 | 综合指数 |
|---|---|---|---|---|---|---|---|---|---|
| 低碳经济评价体系 | 经济发展系统 | 0.211 | 1. 人均 GDP | 0.124 | 12893 元/人 | ≥33000 元/人 | 正指标 | 39.5 | |
| | | | 2. 第三产业比重 | 0.195 | 36.5% | ≥60% | 正指标 | | |
| | | | 3. 城镇居民人均可支配收入 | 0.167 | 11098.28 元 | ≥24000 元 | 正指标 | | |
| | | | 4. 农民年均纯收入 | 0.167 | 3546.69 元 | >11000 元 | 正指标 | | |
| | | | 5. 外贸进出口总额 | 0.138 | 143.8 亿美元 | 3923 亿美元 | 正指标 | | |
| | | | 6. R&D 经费占 GDP 比重 | 0.209 | 1.32% | 3% | 正指标 | | |
| | | | 7. 城市化率 | 0.157 | 35.6% | ≥50% | 正指标 | | 54.6 |
| | 技术发展系统 | 0.182 | 1. 清洁能源的比例 | 0.175 | 44% | 50% | | | |
| | | | 2. 工业废水重复利用率(达标率) | 0.108 | 91% | 100% | | | |
| | | | 3. 城市生活垃圾无害化处理率 | 0.108 | 69% | 100% | | | |
| | | | 4. 低能耗建筑比例 | 0.117 | 0.1% | 50% | | 51.8 | |
| | | | 5. 温室气体捕获与封存比例 | 0.175 | 0 | 10% | | | |
| | | | 6. 城镇生活污水处理率 | 0.099 | 80% | 80% | | | |
| | | | 7. 工业固体废弃物综合率 | 0.134 | 52.28% | 100% | | | |
| | | | 8. 单位种植面积的化肥量 | 0.084 | 952.8 千克/公顷 | ≤250 千克/公顷 | | | |

续表

| 目标层 | 一级指标 | 一级指标权重 | 二级指标 | 二级指标权重 | 现值（2007） | 标准值（省） | 指标类别 | 各项指标综合指数 | 综合指数 |
|---|---|---|---|---|---|---|---|---|---|
| 低碳经济评价体系 | 低碳排放、低碳能耗 | 0.211 | 1. 单位GDP能耗 | 0.084 | 1.432吨标准煤/万元 | ≤0.9吨标准煤/万元 | 负指标 | 39.7 | 54.6 |
| | | | 2. 单位GDP的$CO_2$ | 0.317 | 1.033吨标准煤/万元 | 0.6吨标准煤/万元 | 负指标 | | |
| | | | 3. 单位GDP的$SO_2$ | 0.183 | 11.22千克/万元 | <4.5千克/万元 | 负指标 | | |
| | | | 4. 单位GDP的COD | 0.183 | 7.34千克/万元 | <3.5千克/万元 | 负指标 | | |
| | 低碳社会系统 | 0.122 | 1. 每万人拥有公交车数 | 0.265 | 9.64辆 | 15辆 | 正指标 | 70.7 | |
| | | | 2. 恩格尔系数 | 0.157 | 41.2% | 30% | 负指标 | | |
| | | | 3. 基尼系数 | 0.157 | 0.45 | 0.3~0.4 | 负指标 | | |
| | | | 4. 人口自然增长率 | 0.265 | 0.64% | 0.5% | 负指标 | | |
| | 低碳自然环境 | 0.181 | 1. 森林覆盖率 | 0.352 | 30.27% | 35% | 正指标 | 77.58 | |
| | | | 2. 人均绿地面积 | 0.251 | 8.37平方米 | 15平方米 | 正指标 | | |
| | | | 3. 建成区绿地覆盖率 | 0.251 | 34.2% | 40% | 正指标 | | |
| | | | 4. 自然保护区占省辖区面积 | 0.146 | 8% | >10% | 正指标 | | |
| | 低碳理念系统 | 0.093 | 1. 公众对环境保护的满意率 | 0.366 | 60% | >95% | 正指标 | 61.8 | |
| | | | 2. 环保教育普及率 | 0.634 | 55% | 90% | 正指标 | | |
| | | | 3. 居民的低碳理念 | | — | 一般 | 显著提高 | 正指标 | | |

数据来源于四川省统计年鉴2008

**2. 四川低碳经济评价分析**

上表显示四川的低碳经济综合评价指数为 54.6,根据设定的省区低碳经济标准,四川目前发展的阶段依然处在高碳经济。其中:低碳理念系统为 61.86、低碳自然环境为 77.58、低碳社会系统为 70.7,得分相对较好,表明这三个方面建设较好,究其原因:主要是得益于四川生态省建设、主体功能区建设、低碳示范区的宣传,四川省树立了生态环境保护意识,低碳文化、生态文明的理念,四川省在全国率先进行了"天然林保护"和"退耕还林还草"两大生态工程的建设,有效地增加碳汇,减少温室气体浓度,促使四川的生态环境有极大的改善。

四川省经济系统的得分是 39.5,此项得分不高,四川地处我国的西部,交通相对不便,信息相对滞后,对外开放度不高,同时研究与发展的经费占国内生产总值的比重不高,对科学研究发展的重视程度需要进一步加强和提高;技术发展系统得分为 51.8,这可能与四川的资源丰富有关。技术进步体现在新能源、可再生能源的利用上,而四川是我国最大的天然气基地,又是水资源丰富的地区,同时由于四川得天独厚的资源优势——地表水资源,平均低温为 16℃,地能平衡,有丰富的地热能资源,这都为四川推行低能耗建筑提供了便利,此项得分比较合理。

低碳能耗排放系统得分为 39.7,得分较低,由于四川正处于迅速推进工业化、城市化的阶段,加之四川承接东部部分产业的转移,四川能耗污染严重,温室气体的排放程度高,此项得分很低。

**3. 其他省份的低碳经济水平比较分析**

为了进一步验证此方法的实用性,论文选取了六省份进行比较分析。鉴于数据的可获得性,在东部、西部、中部共选取了六个典型省份,进行 2007 年低碳经济发展水平横向的比较(数据来源于各省 2008 年统计年鉴)。六省低碳经济各项指标完成率以及最终得分见表 7-2 和表 7-3。

表 7-2 六省区的各指标完成率(2008)

| | 山西 完成率 | 安徽 完成率 | 江苏 完成率 | 四川 完成率 | 广东 完成率 | 贵州 完成率 |
|---|---|---|---|---|---|---|
| 人均 GDP | 51.38% | 33.88% | 100.00% | 39.07% | 100.00% | 20.95% |
| 第三产业比重 | 58.83% | 65.00% | 62.33% | 60.83% | 72.12% | 69.73% |
| 城镇居民人均可支配收入 | 48.19% | 47.81% | 68.24% | 46.24% | 73.75% | 44.49% |
| 农民年均纯收入 | 33.32% | 32.33% | 59.65% | 32.24% | 47.85% | 21.58% |
| 外贸进出口总额 | 2.95% | 4.06% | 100.00% | 3.67% | 100.00% | 0.82% |
| R&D 经费占 GDP 比重 | 26.67% | 33.67% | 56.00% | 44.00% | 43.33% | 17.33% |
| 城市化率 | 70.46% | 82.00% | 92.28% | 71.20% | 86.08% | 54.00% |
| 清洁能源比例 | 36.00% | 16.00% | 56.00% | 88.00% | 66.00% | 60.00% |
| 工业废水重复利用率 | 88.20% | 94.70% | 97.30% | 91.30% | 86.05% | 71.92% |
| 城市垃圾无害化处理率 | 38.15% | 49.00% | 86.90% | 69.00% | 63.03% | 71.18% |
| 低能耗建筑比例 | 0.08% | 0.06% | 0.10% | 0.20% | 0.16% | 0.06% |
| 温室气体捕获与封存 | 0.00% | 0.00% | 0.00% | 0.00% | 0.00% | 0.00% |
| 城镇生活污水处理率 | 65.00% | 96.50% | 100.00% | 100.00% | 87.50% | 50.38% |
| 工业固体废弃物综合率 | 49.00% | 82.30% | 98.70% | 52.20% | 87.72% | 37.60% |
| 单位种植面积的化肥量 | 31.14% | 27.90% | 28.04% | 26.24% | 14.94% | 23.74% |
| 单位 GDP 能耗 | 32.64% | 79.93% | 100.00% | 62.85% | 100.00% | 29.39% |
| 单位 GDP 的 $CO_2$ | 32.01% | 78.33% | 100.00% | 58.08% | 100.00% | 28.82% |

续表

| | 山西完成率 | 安徽完成率 | 江苏完成率 | 四川完成率 | 广东完成率 | 贵州完成率 |
|---|---|---|---|---|---|---|
| 单位 GDP 的 $SO_2$ | 18.62% | 57.92% | 95.14% | 40.11% | 100.00% | 8.97% |
| 单位 GDP 的 COD | 53.68% | 57.15% | 100.00% | 47.75% | 100.00% | 42.32% |
| 每万人拥有公交车数 | 44.13% | 57.80% | 77.00% | 64.27% | 52.67% | 53.60% |
| 恩格尔系数 | 93.46% | 75.57% | 83.33% | 72.82% | 84.99% | 60.00% |
| 基尼系数 | 63.83% | 75.00% | 56.60% | 66.67% | 46.15% | 88.24% |
| 人口自然增长率 | 93.81% | 78.74% | 46.00% | 78.13% | 68.49% | 74.85% |
| 森林覆盖率 | 37.97% | 68.66% | 21.54% | 86.49% | 100.00% | 82.37% |
| 人均绿地面积 | 47.53% | 58.13% | 83.93% | 55.80% | 61.47% | 39.27% |
| 建成区绿地覆盖率 | 81.50% | 90.25% | 100.00% | 85.50% | 96.25% | 76.25% |
| 自然保护区占省辖区面积 | 68.00% | 34.50% | 55.00% | 80.00% | 38.40% | 26.30% |
| 公众对环境保护的满意率 | 54.74% | 52.63% | 53.68% | 63.16% | 55.79% | 63.16% |
| 环保教育普及率 | 58.89% | 57.78% | 64.44% | 61.11% | 66.67% | 60.00% |

表 7-3 六省低碳经济评价指标数据(2008)

| 省份 | 各项指标综合指数 | 低碳经济评价得分 | 省份 | 各项指标综合指数 | 低碳经济评价得分 |
|---|---|---|---|---|---|
| 四川 | 经济发展系统 39.51 | 54.6 | 贵州 | 经济发展系统 30.96 | 42.77 |
| | 技术发展系统 51.83 | | | 技术发展系统 37.98 | |
| | 低碳能耗排放系统 39.76 | | | 低碳能耗排放系统 20.96 | |
| | 低碳社会系统 70.73 | | | 低碳社会系统 65.72 | |
| | 低碳环境系统 77.58 | | | 低碳环境系统 61.82 | |
| | 低碳理念系统 61.86 | | | 低碳理念系统 61.15 | |

| 省份 | 各项指标综合指数 | 低碳经济评价得分 | 省份 | 各项指标综合指数 | 低碳经济评价得分 |
|---|---|---|---|---|---|
| 山西 | 经济发展系统 37.43<br>技术发展系统 35.57<br>低碳能耗排放系统 26.11<br>低碳社会系统 72.24<br>低碳环境系统 55.68<br>低碳理念系统 57.36 | 44.11 | 安徽 | 经济发展系统 37.8<br>技术发展系统 41.25<br>低碳能耗排放系统 52.6<br>低碳社会系统 72.6<br>低碳环境系统 66.4<br>低碳理念系统 55.8 | 52.68 |
| 江苏 | 经济发展系统 71.41<br>技术发展系统 55.18<br>低碳能耗排放系统 75.81<br>低碳社会系统 68.99<br>低碳环境系统 61.78<br>低碳理念系统 60.5 | 66.3 | 广东 | 经济发展系统 69.62<br>技术发展系统 49.34<br>低碳能耗排放系统 76.7<br>低碳社会系统 66.15<br>低碳环境系统 80.39<br>低碳理念系统 62.68 | 68 |

注:数据来源于各省统计年鉴 2008、中国统计年鉴 2008。

## (三)其他省区结果分析以及对策建议

从六个省区的经济系统得分,我们可以看到广东和江苏得分相对较高,分别为 66.3 和 68,但均属于中碳经济,四川、贵州、安徽、山西尚处于高碳经济。

江苏、广东的经济系统在 70 分左右,究其原因,广东省是我国对外开放的窗口,对外开放度高,金融、外贸、信息等第三产业发展迅速,三产比重较为合理;江苏位于长江三角洲,地理位置优越,文化底蕴深厚,人力资源丰富,科学研究投入高,科学进步较快,科技是第一生产力,有效地促进了江苏经济的发展。中部和西部的四个省份对外经济度不高,科技投入也有待于进一步提高,经济发展相对较差。

对于技术发展系统,六个省份均在 60 分以下,以江苏得分最高,这可能与江苏省重视科技发展,加强构建强有力的科技体系有关。江苏省加快了科技创新，着力提升环境对经济社会发展的支撑能力，重视以企业为主体，产学研结合的环保体系建设，并组织跨部门、跨地域、跨学科的环境科技协作和攻关，突破长期制约经济、社会和环境发展的关键性科技难题。积极推进国家科技重大专项"水体污染控制与治理"省内项目的实施。推广先进实用技术应用示范工程，为污染物减排提供技术支撑。

在低能耗低排放系统得分中，江苏和广东得分较高，主要是因为这两个省份第三产业比重高，相对污染少，同时东部沿海城市的污染产业已经部分转移到中西部相对落后的省份；而安徽、山西、四川、贵州还正处于推进工业化阶段，能耗较高，温室气体排放多，污染严重，不可避免得分较低。

六省份在低碳社会系统、低碳环境系统、低碳理念系统三个方面得分相差不大，这是由于生态文明、低碳经济理念已经在全社会树立，节能减排、保护环境，已经在全社会行动起来。

建立评价指标体系可以反映低碳发展的区域差距，有助于及时修正战略途径、提出政策建议，本文以四川为例，提出政策建议。

**1. 扩大对外开放，加速经济发展**

充分利用四川省各类经济开发区和工业园区，特别是国家级经济开发区、出口加工区、保税区，充分利用园区在政策、体制上的优势，着力引进外来企业，加快发展加工贸易，培育新型、外向型产业；充分利用中心城市在交通、物流、产业、人才等方面的综合优势，通过吸引更多的国外公司设立总部、设立采购中心、制造中心和研发中心，大力发展外向型经济，尤其要高技术含量、高附加值的制造业和服务业；通过建设出口产品基地，实现产业的集聚、带动和辐射、规模效应，推行标准化生产和经营，提高产品质量，促进经济发展。

**2. 优化能源消费结构，减少环境污染**

凭借四川丰富的资源优势，优先开发低污染、低排放能源，有限考虑开发洁净煤、天然气能源,重视清洁能源中的太阳能、风能、水能和生物能的开发和推广利用,大力发展天然气、水电、沼气等清洁能源,以低碳的天然气代替煤等高碳能源,以水电代替火电等,大力推广车辆以天然气代替燃油、城市居民以天然气代替煤气,同时针对四川农村地区的分散用户和一些需能较小的项目,发展沼气和煤炭气化多联产技术,通过能源结构的优化,减少环境污染。

### 3. 加大支持力度,促进低碳技术

通过政府积极出资,社会大力筹资、保障碳基金来源稳定。将碳基金用于资助发展碳汇产业、用于开发可再生能源、用于温室气体捕获与埋存、碳减量、碳替代等技术环节,有效控制温室气体排放,帮助商业和公共部门减少二氧化碳的排放,并从中寻求低碳技术的商业机会,间接帮助实现低碳经济社会;同时对研发与使用低碳技术的企业进行金融支持(包括直接或间接融资),进行财政支持、税收减免等,以此规范新建企业的低碳技术标准、高碳准入门槛,提高已有企业的生产水平及技术研发水平,压缩高碳技术企业的规模和产能,促进低碳技术型企业推动四川低碳技术进步。

### 4. 优化产业结构,发展低碳产业

实施低碳经济发展战略,将意味着四川的产业基础必须由传统的高耗能产业转向以低能耗、低污染为主的新兴产业,这类新兴产业能够有效缓解四川的工业生产对自然生态环境的破坏状况,最终实现四川经济社会环境的可持续发展。从现有的发展基础以及技术条件来看,四川可发展生物产业、太阳能产业、核能产业等新兴产业,加大对这些产业的政策支持力度,给予一定财政支持和一定税收优惠;同时通过产业制度创新,延伸四川的产业链条,优化产业结构,缩短能源、钢铁、汽车、化工、交通、建材、建筑等高碳产业所延伸出来的产业链条,把这些产业的上、中、下游

产业链"低碳化",另外还需要进一步调整高碳产业结构,促使四川国民经济的产业结构逐步从高碳化趋向低碳经济的标准。[①]

### 三、市域低碳经济综合评价[②]

城市是人类社会经济活动的中心,它聚集了世界上一半以上的人口,温室气体排放量占全球温室气体排放总量的75%左右[③]。随着城市化进程的不断加快,城市能耗和污染日益加重,中国城市更为明显。数据显示:仅2007年,中国的煤炭消费量为25亿吨、二氧化硫排放量为2500万吨、化学需氧量排放量为1200万吨、废水排放量为482亿吨、工业固体废弃物为1800万吨,这些能源消耗量和废物排放量,主要发生在城市。[④] 面对着城市污染气体排放,尤其是城市二氧化碳气体排放、交通拥堵与机动车能耗所产生的空气污染日趋严重、能耗污染日趋加重等挑战,我国不少城市先后提出了发展低碳经济,建设低碳城市的发展目标。如上海提出了减少碳排放,建设"低碳城市",北京提出建成世界级的低碳城市,整体上实现低碳经济模式的世界级示范区。目前上海已经在临港新城、崇明岛率先开展低碳实践;天津、保定也在积极打造低碳城市的目标。

各个城市通过发展低碳城市,建设低碳示范区等有效的途径推动了城市低碳经济的发展,城市建设低碳经济的理论和实践已经得到不断丰富和发展,并逐渐形成了有机的发展体系。但是,在全面发展低碳经济,建设低碳城市时,如何全面、综合、较为准确地反映城市发展低碳经济的水平,发展的效率、效果,系统体现城市之间发展低碳经济差距,及时修正发展战略和目标,提出相应的政策和对策,是亟待突破的重点。我国城市发展低碳经济的实践需要研究和制定其评价体系。鉴于上述问题,论文尝试以四

① 吴垠. 低碳经济助推四川加快发展[N]. 四川日报,2009-09-10.

② 李晓燕,邓玲. 城市低碳经济综合评价探索——以直辖市为例[J]. 现代经济探讨,2010(2).

③ 吴昌华. 城市引领中国低碳经济转型[J]. 中国投资,2009(2).

④ 章轲. 低碳城市化:中国式探路[N]. 第一财经日报,2009-09-02.

个直辖市为例,应用模糊层次分析法和主成分分析法,构建评价体系,对城市发展低碳经济水平进行综合评价,并在评价结果的基础上提出一些相应的政策建议。

## (一)构建城市低碳经济评价指标体系

### 1. 构建原则

要对城市发展低碳经济的水平进行综合评价,首先构建其评价体系,该体系能对城市低碳经济发展的要素进行量化。参考我国已制定的低碳城市标准,论文尝试构建城市低碳经济评价指标体系,该体系一方面能反映经济增长、科技进步、社会发展,环境优化同步协调发展的思想;另一方面能反映出城市发展低碳经济的水平和变化趋势,依据"低碳经济目标""低碳城市"建设要求,城市低碳经济评价指标体系的构建必须遵循如下的原则。

科学性与可比性原则:城市低碳经济评价指标体系的设计要严格地按照低碳经济的定义、内涵、特征,能够对城市发展低碳经济的质量进行合理、准确、较全面的描述,同时指标体系的设计注重城市之间的可对比性,具有可推广性和可应用性。

系统性和层次性原则:低碳经济发展是复杂的系统,确定指标体系时应该从系统的角度出发,把一系列与城市低碳经济发展有关的指标有机地联系起来,同时注意指标体系的层次性和同级之间指标的互斥性,并注意实现上一级目标时的全面性。

针对性和可操作性原则:建立城市低碳经济评价指标体系主要是针对城市发展低碳经济水平进行综合评价,因此,该指标体系应该是一个操作性较强的方案,设计的指标体系要尽可能涵盖现有统计数据和便于收集的数据,对于目前尚不能统计、尚无法收集到的数据和资料,暂不纳入该评价指标体系。

### 2. 指标框架体系

按照系统复合理论,城市低碳经济发展是一个由经济系统、环境系统、科技系统、社会系统组成的复合系统,遵循上述的指标建立原则,本文构建了如图 7-2 所示的框架示意图。

（1）目标层

为了定量地反映出四个直辖市的低碳经济发展状态和发展水平差异,本文设计出目标层 F——城市低碳经济发展综合评价指数。该值是直辖市在发展低碳经济过程中经济、科技、社会、环境发展的综合体现。

（2）准则层

为了进一步反映城市在发展低碳经济过程中各子系统对低碳经济发展的综合值的影响,本文设计了四个准则层——经济系统、科技系统、社会系统、环境系统,经济系统反映了产业结构优化,人民生活水平提高,经济效益提高等;技术系统反映了资源循环利用效率提高,温室气体减排、能耗污染物减少;社会系统主要是反映人民生活质量水平的提高,环境系统主要反映城市生态环境改善,城市整体碳汇能力提高。

（3）指标层

指标层是描述城市在发展低碳经济中的最基础性的一组指标,这些指标是评价指标体系中最小的组成部分,论文主要参考国家环保总局颁布试用的低碳城市的建设、生态市建设指标体系,并采用理论分析法和频度统计法进行指标最终的取舍和补充。论文设计城市低碳经济评价指标体系如图 7-2 所示。

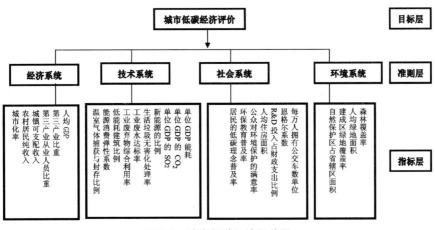

图 7-2　城市低碳经济评价图

(4)确定指标的目标值

评价指标体系指标的目标值确定,主要是参考了政府工作要求与目标、低碳城市的目标值,并通过专家咨询的方式,最终确定低碳经济发展指标的目标值,力求所确定的目标值科学与合理。

(二)研究分析方法

文章通过模糊层次分析法确定准则层的权重,通过主成分分析方法得到城市低碳经济发展综合评价指数。在论文中应用模糊层次分析法确定了准则层的权重,因在上节中详细阐述了模糊层次分析法的步骤和原理,在本节中将不再阐述。论文在本节中详细介绍主成分分析法的原理和步骤。

主成分分析是设法将原先众多的、具有一定相关性的指标进行重新筛选、组合成一组相互之间无关的综合指标,用相互无关的综合性指标来代替原先有关联性的指标,意味着要在保证数据信息损失最小的前提下,经线性变换、筛选和舍弃一小部分信息,以少数的综合变量代替原始的多数变量。[①]

论文将应用主成分分析法筛选出四个直辖市低碳经济发展过程中,准则层中各系统的主成分量。设直辖市低碳经济中某一子系统评价原来需要有 $n$ 个变量 $x_1, x_2, \cdots, x_n$ 来描述,经主成分分析后得到 $m(m<n)$ 个新变量 $y_1, y_2, \cdots, y_m$ 来代替原来 $n$ 个变量,且 $y_1, y_2, \cdots, y_m$ 均是 $x_1, x_2, \cdots, x_n$ 的线性组合 $(m<n)$。[②] 变量 $y_1, y_2, \cdots, y_m$ 构成的坐标系是在原坐标系经平移和正交旋转后得到的,称 $y_1, y_2, \cdots, y_m$ 构成的空间为 $m$ 维主超平面。用原样本群点 $N_1$ 在主超平面上的投影近似地表达原样本群点。在主超平面上,第一主分量 $y_1$ 一定对应于数据变异最大的方向,也就是说,原样本群点在第一主轴上投影的散差为最大,即 $V(y_1)$ 为最大,对于第二主分量 $y_2$ 以及 $y_3, \cdots, y_m$,依次有 $V(y_1) \geqslant V(y_2) \geqslant \cdots \geqslant V(y_m)$。因此可以认为 $y_1$ 是携带原数据信息最多的一维变量,$y_2$

---

① 李湘姣,王先甲. 区域水资源利用复合系统评价指标体系及方法[J]. 人民长江,2005(8).
② 李湘娇,王先甲. 珠江三角洲水资源可持续利用综合评价分析[J]. 水文,2005(6).

是携带原数据信息次多的变量[①]，依次类推，而 $m$ 维主超平面是保留原数据信息量最大的 $m$ 维子空间。

主成分分析法的步骤如下：

（1）进行指标数据无量纲化处理，本文采取如下的处理方法：

对于正指标：$X'_{ij} = X_i / U_i$；对于负指标：$X'_{ij} = U_i / X_i$

其中 $U_i$ 为目标值，$X_i$ 为实际值。

（2）利用 SPSS 软件，输入处理后的数据，进行指标之间的相关性判定。

（3）根据特征根计算结果，确定主成分量的个数。主成分选取的原则为主成分所对应的特征值大于 1 的前 $m$ 个主成分，因为特征值在某种程度上可视为表示主成分影响度大小的指标，如果特征值小于 1，表明该主成分的解释力度还不如直接引进一个原变量的平均解释力度大，因此一般可以把特征值大于 1 作为标准[②]，当特征值大于 1 时，就选前 $m$ 个主成分量，从而可对 $m$ 个主成分进行综合分析，得到主成分量 $y_i = \sum_{j=1}^{n} u_{ij} x_j, i = 1, 2, \cdots,$ $m$（式中 $u_{ij}$ 为特征向量 $u_i$ 的第 $j$ 个分量，即第 $i$ 个主因子对第 $j$ 个分析指标的载荷系数）。

（4）根据各主成分量方差贡献率，计算直辖市低碳经济综合评价指数。第 $i$ 个主成分量所对应的特征根占方差贡献率 $g_i = \dfrac{\lambda_i}{\sum_{i=1}^{m} \lambda_i}$，式中 $\lambda_i$ 表示第 $i$ 个主成分量对应的特征根，以 $g_i$ 表示第 $i$ 个主成分的权重系数，从而得到子系统的评价指数 $F = \sum_{i=1}^{m} g_i y_i$。[③]

（三）直辖市城市的低碳经济评价

基本数据：根据四个直辖市 2008 年统计年鉴和 2008 年中国

---

① 张文霖. 主成分分析在 SPSS 中的操作应用[J]. 理论与方法，2005(12).

② 同上.

③ 李湘姣，王先甲. 区域水资源利用复合系统评价指标体系及方法[J]. 人民长江，2005(8).

统计年鉴,收集了直辖市发展低碳经济的基础指标。

### 1. 模糊层次分析法

根据图 7-2 建立指标体系,将赋予准则层权重,依据专家打分法,构建准则层的优先关系矩阵如表 7-4 所示。

表 7-4  准则层的优先关系矩阵

|  | 低碳经济系统 | 低碳科技系统 | 低碳社会系统 | 低碳环境系统 |
|---|---|---|---|---|
| 低碳经济系统 | 0.5 | 0 | 1 | 0.5 |
| 低碳科技系统 | 1 | 0.5 | 1 | 1 |
| 低碳社会系统 | 0 | 0 | 0.5 | 0 |
| 低碳环境系统 | 0.5 | 0 | 1 | 0.5 |

从表 7-4 中我们可以看出专家认为在低碳经济综合评价中,低碳科技系统相对于低碳经济系统、社会系统、环境系统是十分重要的,低碳经济系统和低碳环境系统同等重要,低碳经济系统、科技系统、环境系统相对来说比低碳社会系统重要。

根据模糊层次分析法的步骤,将判断矩阵转变为模糊矩阵,其结果如表 7-5 所示。

表 7-5  准则层的模糊关系矩阵

| | | | |
|---|---|---|---|
| 0.5 | 0.3125 | 0.6875 | 0.5 |
| 0.6875 | 0.5 | 0.875 | 0.6875 |
| 0.3125 | 0.125 | 0.5 | 0.3125 |
| 0.5 | 0.3125 | 0.6875 | 0.5 |

按照上节公式(4)和(5)在实际的操作中使用 Excel,得出经济、科技、社会、环境系统具体的权重分别为 0.251、0.352、0.146、0.252。

**2. 主成分分析**

依据收集的指标数据,采用主成分分析,利用 SPSS 软件筛选出四大准则层各系统的主要成分量,以进行四个直辖市的低碳经济发展综合评价分析,以主成分对应的特征值大于 1 为提取标准,筛选出了各个子系统的主成分量为研究低碳经济的综合评价指标,得出:经济系统有一个主成分量,技术系统有三个主成分量,社会发展系统有两个主成分量,环境系统有两个主成分量,各子系统特征值、主成分载荷系数以及贡献率见表 7-6 和表 7-7。

表 7-6　各子系统特征值

| 经济系统 | | 技术系统 | | 社会系统 | | 环境系统 | |
|---|---|---|---|---|---|---|---|
| 指标变量 | 特征值 | 指标变量 | 特征值 | 指标变量 | 特征值 | 指标变量 | 特征值 |
| 人均 GDP | 4.371 | 万元 GDP 能耗 | 6.962 | 研究与开发经费占财政支出比重 | 5.846 | 森林覆盖率 | 2.498 |
| 第三产业比重 | 0.554 | 万元 GDP 的 $CO_2$ | 1.922 | 每万人拥有公交车数 | 1.444 | 人均绿地面积 | 1.287 |
| 第三产业从业人员比重 | 0.074 | 万元 GDP 的 $SO_2$ 排放量 | 1.116 | 恩格尔系数 | 0.709 | 建成区绿地覆盖率 | 0.215 |
| 城市化率 | 5.87E-16 | 新能源比例 | 6.22E-16 | 人均住房面积 | 2.67E-16 | 自然保护区占辖区面积 | 1.43E-16 |
| 城镇可支配收入 | -1.1E-16 | 生活垃圾无害化处理率 | 2.61E-16 | 公众对环境满意度 | 5.21E-17 | | |
| 农村居民纯收入 | -1.8E-16 | 工业废水达标率 | 1.58E-16 | 环境教育普及率 | 5.48E-18 | | |

续表

| 经济系统 | | 技术系统 | | 社会系统 | | 环境系统 | |
|---|---|---|---|---|---|---|---|
| 指标变量 | 特征值 | 指标变量 | 特征值 | 指标变量 | 特征值 | 指标变量 | 特征值 |
| | | 工业废弃物综合利用率 | 1.3E-16 | 居民低碳理念普及率 | -5.6E-16 | | |
| | | 低能耗建筑比例 | 8.32E-17 | | | | |
| | | 能源消费弹性系数 | -1.4E-16 | | | | |
| | | 温室气体捕获和封存比例 | -3.1E-16 | | | | |

表 7-7 直辖市低碳经济发展评价系统主成分量的指标荷载系数

| 经济系统 | | 技术系统 | | | | 社会系统 | | | 环境系统 | | |
|---|---|---|---|---|---|---|---|---|---|---|---|
| 指标变量 | 第一主成分 | 指标变量 | 第一主成分 | 第二主成分 | 第三主成分 | 指标变量 | 第一主成分 | 第二主成分 | 指标变量 | 第一主成分 | 第二主成分 |
| 人均GDP | 0.944 | 万元GDP能耗 | 0.982 | 0.083 | -0.169 | 研究与开发经费占财政支出比重 | 0.951 | 0.218 | 森林覆盖率 | 0.914 | -0.333 |
| 城市化率 | 0.880 | 万元GDP的$CO_2$ | 0.972 | -0.200 | 0.125 | 每万人拥有公交车数 | 0.896 | -0.389 | | | |
| | | 万元GDP的$SO_2$排放量 | 0.927 | -0.192 | 0.323 | 恩格尔系数 | 0.746 | -0.594 | 人均绿地面积 | 0.878 | 0.333 |

续表

| 经济系统 | | 技术系统 | | | | 社会系统 | | | 环境系统 | | |
|---|---|---|---|---|---|---|---|---|---|---|---|
| 指标变量 | 第一主成分 | 指标变量 | 第一主成分 | 第二主成分 | 第三主成分 | 指标变量 | 第一主成分 | 第二主成分 | 指标变量 | 第一主成分 | 第二主成分 |
| | | 新能源比例 | -0.838 | 0.192 | 0.511 | 人均住房面积 | -0.761 | 0.167 | | | |
| 第三产业比重 第三产业从业人员比重 | 0.873 0.950 | 生活垃圾无害化处理率 | 0.433 | 0.769 | 0.471 | 公众对环境满意度 | -0.846 | 0.525 | | | |
| 城镇可支配收入 | 0.977 | 工业废水达标率 | -0.963 | -0.049 | 0.265 | 环境教育普及率 | 0.880 | 0.474 | 建成区绿地覆盖率 | -0.562 | 0.822 |
| | | 工业废弃物综合利用率 | 0.117 | -0.779 | 0.616 | | | | | | |
| | | 低能耗建筑比例 | -0.979 | 0.205 | -0.013 | 居民低碳理念普及率 | 0.859 | 0.374 | 自然保护区占辖区面积 | -0.759 | -0.624 |
| 农村居民纯收入 | 0.927 | 能源消费弹性系数 | 0.648 | 0.738 | 0.188 | | | | | | |
| | | 温室气体捕获和封存比例 | 0.993 | -0.115 | 0.018 | | | | | | |
| | | 主因子贡献率 | 69.623 | 19.219 | 11.158 | 主因子贡献率 | 73.078 | 18.048 | 主因子贡献率 | 62.452 | 32.172 |
| 主因子累计贡献率 | 87.426 | 主因子累计贡献率 | 69.623 | 88.842 | 100.000 | 主因子累计贡献率 | 73.078 | 91.126 | 主因子累计贡献率 | 62.452 | 94.624 |

### 3. 综合结果评价

根据表7-7中的指标载荷系数,计算出四个准则层系统的评价指数,设经济系统、社会系统、科技系统、环境系统评价指数分别为F1、F2、F3、F4,再根据模糊层次分析法算出的权重系数分别为0.251、0.351、0.146、0.251,得到城市低碳经济发展综合评价指数$F=0.251F1+0.351F2+0.146F3+0.251F4$,依据公式计算出四个直辖市的低碳经济发展综合指数,评价结果见表7-8。

表7-8　直辖市的低碳经济综合指数

| 直辖市 | 低碳经济系统 | 低碳技术系统 | 低碳社会系统 | 低碳环境系统 | 综合 |
|---|---|---|---|---|---|
| 北京 | 1.791575 | 0.721797 | 1.4235 | −0.04205 | 0.901 |
| 天津 | 1.315573 | 0.510673 | 1.160891 | −0.28522 | 0.608 |
| 上海 | 1.713659 | 0.55688 | 1.128748 | −0.29734 | 0.716 |
| 重庆 | 0.936025 | 0.162096 | 0.889162 | −0.16145 | 0.381 |

### (四)分析和对策建议

四个直辖市在发展各有优势,但是发展低碳经济过程中均出现了不同程度的问题,主要原因是在经济、科技、社会、环境四个系统没有协调发展,有些地区在加速经济发展,却没有很好地兼顾环境发展,如上海;有的地方经济基础相对薄弱,科学技术相对落后,科技、经济、环境等各个方面需要同步推进,如重庆。如不妥善解决这些上述问题,直辖市发展低碳经济将难以为继,生态文明将难以实现。

由表7-8看出,各个直辖市在低碳经济发展水平上存在着差异,根据我国低碳城市的标准,设定了城市发展低碳经济指数标准,设定综合指数大于1.165为低碳经济,综合指数处于(0.875,1.165)之间为中碳经济,综合指数小于0.875为高碳经济。

依据上述的划分标准,四个直辖市都无达到城市低碳经济的标准,其中北京经济发展是中碳经济,而天津、上海、重庆则为高碳经济。

中碳经济发展阶段:北京。北京是我国的政治、经济、文化中心,根据 2007 年中国城市经济排名 GDP,北京在全国的城市经济排名为第二,经济发展迅速,科技发展也较为迅速;北京高校云集,人才济济,新成立的北京低碳清洁能源研究所更是促进了发展低碳经济发展。但是从北京低碳经济几个系统中,环境系统得分最差,北京环境系统主要存在着两方面的问题:一是人文环境问题,主要是外来务工人口、流动人口的急剧增加,使得交通越来越拥挤;空气污染严重;城市住房紧缺。二是自然环境问题,包括扬沙、浮尘、灰尘和沙尘暴,水资源匮乏和工农业生产导致的水污染。针对北京存在的问题,建议:①加大对技术的支持力度,加快对技术的研发速度,通过技术研发和技术进步,减少城市气体排放量。②建立绿色空间。结合北京旧城的改造,合理规划绿色的空间、建设绿色空间,在市区建立不同规模和不同级别的城市绿地,在郊区建立森林型绿色空间,建设农田防护林带、水源涵养林等,减少风沙危害,提高生态环境质量。③限制外来人口数量。根据北京城市发展需要、基础设施承受能力和生态环境可承载力,确定科学合理的外地务工、经商人员数量,确定规模控制指标,并将指标具体落实分解到各区县;同时可以通过发展卫星城,有效地分流北京人口等。

高碳经济发展阶段,天津、上海、重庆均属于高碳发展阶段。

上海是我国的经济中心,在我国 2007 年城市 GDP 排名为第一,经济发展非常迅速,但是在经济发展过程中,环境生态发展相对差,流动人口数量大,城市过度繁华,资源紧张,交通拥挤,生态环境质量很差。2008 年世界银行公布的一组数据显示:在全球 60 个大城市中,上海空气中的总悬浮颗粒物排行倒数第七,不如美国的纽约、俄罗斯的莫斯科、英国的伦敦;二氧化硫排放则位列倒数第十三[①]。针对上海存在的问题,建议:加快转变经济发展方式,重点减少传统高耗能产业的发展,着力发展新型环保产业,要加大科技研发力度,以促进低碳经济发展,根据上海的现状可考虑大力发展电子束技术、废物资源化和循环化技术、等离子技术、温室气体的捕捉与封存技术、循环经济技术与绿色化学技术;加强城市绿化水平,优化上海的生态环境。

天津在 2007 年中国城市 GDP 排名中是第六位,但是天津在发展低碳经济中存在的问题是经济发展相对滞后,经济发展中第三产业比重较低,只有 40.5%,低于北京 72.1%、上海 52.6%、重庆 42.4%,同时生态环境恶化,环境空气质量较差,水环境质量还不容乐观。其主要原因:第一是天津目前的第三产业主要以传统的服务业为主,新兴的服务业比重很小,传统的服务业对经济发展推动作用十分有限;第二是环境基础设施尚不完善,排水网管尚未实现雨污分流,生活污水和垃圾均未处理,直接向环境排放。天津工业加速发展,客观上加大了能耗污染度。针对天津存在的问题,建议:①发展新型产业。根据天津制造业雄厚,利用天津港的港口优势,结合区域产业发展的实际需要,天津可重点发展以下产业:医药制造业、交通运输业、设备制造业、石油加工炼焦及核燃料加工业、新能源及环保业、物流业、金融业、通信设备、计算机及其他电子设备制造业;②保护生态环境,合理规划天津市的绿化布局,增加绿化覆盖率,同时采取的使用脱硫煤、燃煤改燃油、无铅汽油、集中供热等措施减少环境污染。

重庆的低碳经济发展水平是四个直辖市中低碳经济发展综合指数最低的一个,其准则层的各系统得分也是最低的,其原因是:地理位置局限性、科技落后等劣势限制了重庆经济社会的发展,重庆是老工业城市,对环境产生一定的影响:工业布局不合理,城市基础设施严重不足,粗放型经济发展方式使得生态环境进一步恶化,能源消耗结构不合理,环保投入严重不足,环境管理

---

① 王琳.京津沪渝经济动态[N].北方网,2009-08-06.

相对薄弱等等。针对重庆存在的问题,建议:①制定重庆的低碳经济发展规划或者战略,指导和引领政府、企业、居民的行动方向、生产方式,可选择适当地区、适当行业、适当的领域进行试点,寻求发展低碳经济的有效途径;②增强自主创新能力,研发低碳技术,开发低碳产品。政府必须高度地重视低碳技术研发工作,重点着眼于中长期战略技术的储备;整合目前市场已有的低碳技术,促进其迅速地推广和应用;加强国际间技术交流与合作,促使发达国家的技术转让;③积极运用经济手段,有效推进低碳经济的发展。如开征碳税、给予发展低碳经济的企业或者运用低碳技术的企业税收优惠并推行碳交易,通过经济手段减少二氧化碳排放,间接地促进低碳经济的发展。

## 第二节 完善法律法规,加强法规和标准的执行

政府在低碳发展的过程中起到主导、引导、强力推动的作用,政府发展策略从政绩优先、GDP 优先向生态环境优先转变,政府在引导推动的过程中积极制定了减缓气候变暖的一系列政策法规:如《节能中长期规划》《可再生能源中长期发展规划》《核电中长期发展规划》等一系列约束性目标,法律法规的完善节能减排、低碳发展上升到法律法规的高度,为低碳发展营造了良好环境,起到了保驾护航的作用。

### 一、完善能源法规

着手制定气候变化法、工业节能条例等,尽快制定和颁布《能源法》,并对《煤炭法》《电力法》《节约能源法》《可再生能源法》等法律法规进行相应的修订,进一步鼓励清洁生产、循环利用、清洁能源开发和利用;继续完善《循环经济促进法》的相关配套政策措施,建立健全增加碳汇的相关法律法规,如《农业法》《森林法》《草原法》《土地管理法》等若干法律为基础的、各种行政法规相配合的、能够改善农林业生产力和增加农林业生态系统碳储量的法律

法规体系,修订对于森林农田湿地等自然资源建设保护规划,对破坏森林、农田等破坏环境生态的行为进行严厉的惩罚。

### 二、制定和完善能效标准,加强能效标准的执行

制定法律法规限制高碳生产,根据各个行业和产业的性质制定适宜的法律法规,对高耗能产品制定强制性的节能标准,禁止不符合环保的产品进入市场;确定各个区域排放温室气体排放目标,列出排放气体清单,分配到各个地区、各个企业、各个部门。

加强能效标准的执行力度,对于项目,将能效标准、资产投资评估与及时审查三者有效地结合在一起;对于新上的项目要进行项目预期分析,评估碳排放量和碳减排评估以及能耗污染情况分析,符合要求才能进行项目建设;对于已有的项目要进行减排检查,对于没有达到减排标准的项目一律停止建设,进行改造;建立认证制度,完善消费结构,由国家专门机构对企业进行专门的监督和认证,达到调整能源消费结构和发展可再生能源的目的,实行能源认证制度,监督、促进企业节能减排,提高能源利用效率。

## 第三节　倡导低碳消费

低碳消费是一种以"低碳"为价值取向的文明、科学、健康的生态化消费方式,按照低碳要求选择人们生存所需的资源和物质产品,其形式是倡导生活简约化,如节水、节电、节油、节气等,改变过去增加能耗和增加温室气体排放的消费行为,同时更多注重人们的精神消费[1]。低碳消费能有效地促进低碳经济的发展:首先,消费既是生产的最终目的,又是下一轮生产的起点,低碳消费通过现实消费引导低碳生产的方向,又通过消费需求实现了低碳生产的可持续发展[2];其次,发展低碳消费能够促进节能减排,缓解能源和环境压力。低碳消费作为新型的消费模式,在消费的理

---

①　纪石.低碳消费是解决全球气候变暖的唯一出路[J].世纪桥,2010(6).
②　袁晓玲.中国低碳城市的实践与体系构建[J].城市发展研究,2010(5).

念和行为中贯穿着环境保护思想,人们消费中将合理消费,减少能耗污染,减少对环境污染,促进消费行为和消费结构更加合理化、科学化。发展低碳消费可以从以下几方面着手。

## 一、发挥政府调控作用,创造良好的低碳消费氛围

研究表明,产业结构、生产方式、消费方式三者之间是相互影响、相互作用的,换言之,及时调整产业结构和转变生产方式,有利于形成低碳消费。政府在制定政策中,要发挥调控作用,创造良好的氛围,调整产业结构、转变生产方式以促进低碳消费方式的变革。首先,给予低碳生产的企业财政优惠。低碳消费的起点是低碳生产,只有企业生产出低碳产品,消费者才有购买的可能,因此政府大力支持开发低碳产品的企业,投资低碳生产的企业,给予税收、贷款、补贴等财政优惠政策,通过财政支持为企业注入新的动力。其次,实行严格市场准入制度,对于高能耗、高排放、高污染的生产行为予以制止和处罚。再次,建立低碳消费激励机制,政府创造良好的氛围引导低碳消费,给予低碳消费者税收优惠、价格补贴、针对奢侈消费或者不良消费,征收奢侈税等,抑制高碳消费。最后,制定低碳考核标准,将低碳生产和低碳消费纳入政府政绩考核,作为干部提升的一项指标,以促进政府对低碳消费的重视度和关注度,间接促进低碳消费。

## 二、加强对消费者的引导,转变消费观念

消费观念、理念在一定程度上决定了消费方式,因此,加强民众低碳消费引导,转变消费理念,促进低碳消费。首先,政府有关部门要承担起低碳宣传、教育的责任,利用网络、学校教育、媒体等手段对不同群体、采用不同的方式进行低碳宣传教育,培育全民低碳消费意识,促使低碳消费成为全社会主流意识。其次,政府率先做出表率,引导低碳消费。政府的公众消费方式对社会影响作用较大,且政府行为对社会、公众具有导向作用。政府可以在公务用品采购中尽量使用低碳消费品,建筑低碳办公大楼,在

日常公务中使用节能办公设备等,从行动上做出低碳消费的表率。

### 三、强化企业对低碳消费的推动作用

企业是生产的主体,是主要的能源消费者和主要的温室气体排放者,企业有必要承担起节能减排的责任,积极投入技术、资金、人力等要素,通过技术进步、管理创新,促进能源结构多元化,促进产业结构升级,减少能耗、减少污染、减少碳排放,最终实现生产过程的低碳化。

企业是低碳消费产品的提供者,企业连接着低碳生产性消费和低碳非生产性消费品,只有当企业提供了符合要求的低碳消费产品,才有可能在市场经济条件下获得利润[①],才能促进企业的发展,也才能有更广泛、更深入地推行全民低碳消费方式的物质基础[②]。因此,企业是低碳消费方式的重要推动者,顺应低碳消费发展趋势,为市场提供更多的低碳产品,既是企业的经济行为,又是企业应当承担的社会责任。

低碳消费除政府、企业、消费者的参与外,还需要民众的广泛参与。民众是低碳消费的主体之一,从认知理念上接受低碳消费理念,从消费行为上力行低碳消费,能有效地促进低碳消费。此外,民众作为低碳消费的监督主体,可以监督政府所制定的低碳消费政策法规、可监督企业的生产行为,通过民众监督,间接地促进低碳消费方式的形成和发展[③]。

---

① 孙耀武.培育我国低碳消费方式的思考[J].前沿,2011(1).
② 陈晓春.论低碳消费方式[J].新华文摘,2009(13).
③ 孙耀武.培育我国低碳消费方式的思考[J].前沿,2011(1).

# 第八章　我国发展低碳经济保障措施

中国科学院报提出发展低碳经济战略总目标：到 2020 年，单位 GDP 的二氧化碳排放降低 50％左右[①]。但是低碳经济的发展，不仅仅是环境问题、气候问题，更是历史、经济、政治、能源问题，发展低碳经济是一项长期而艰巨的任务，因此为了保障低碳经济的顺利实施，还需要其他的保障措施。

## 第一节　参与气候变化的国际谈判和低碳规则制定

### 一、积极参与国际低碳规则的制定，谋求发展的空间

中国是正在崛起的大国，发展具有全球性的影响，我国在气候变化问题上，应有自己的国际立场：即不管面临多大的国际压力，我国必须积极参与国际气候公约的谈判，增强我国的参与度[②]，提高参与能力，积极争取在其中发挥最大的作用，争取为我国实现工业化、城市化、现代化以及可持续发展争取应有的发展权利，为未来和平发展争取合理、必需的排放空间；我国应积极参与国际低碳规则的制定，低碳发展已经成为全球发展的大趋势，低碳发展的实力决定着国家未来一段时间的国际地位，因此中国必须要把握主动权，积极参与国际谈判和国际低碳规则的制定，一来为中国谋求最大的利益，二来避免受制于其他发达国家。如在进出口贸易要考虑隐形碳，制定国际合理的碳关税；在碳交易市场上，中国要尽量争取碳定价权等等。

---

①　中科院. 我国发展低碳经济战略目标[J]. 资源节约与环保,2009(2).

②　秦天宝. 我国环境保护的国际法律问题研究——以气候变化问题为例[J]. 世界经济与政治论坛,2006(2).

## 二、通过积极行动，提升大国的国际形象

我国一直在关注气候变化，一直在积极行动。早在 1990 年，国家国务院环境保护委员会就成立了国家气候变化协调小组，到 2007 年成立国家的应对气候变化领导小组[1]，制定中国应对气候变化的重大战略方针，并在同年 6 月发布了《中国应对气候变化国家方案》，明确了中国 2010 年的节能减排目标，在 2009 年的 11 月，中国政府公布中国的温室气体的节能减排的目标：到 2020 年单位 GDP 的 $CO_2$ 的排放量比 2005 年下降 40％～45％[2]。温家宝在主持召开的国务院常务会议还决定，这将作为约束性指标纳入国民经济和社会发展中长期规划，并制定相应的国内统计、监测、考核办法[3]。这充分显示了中国一个大国对人类未来高度负责的精神，提升了国际形象。

## 三、争取发达国家的技术转让和资金支持

《避免危险的气候变化——为技术转让提供资金的意义》的研究报告认为西方的工业革命到 1950 年，发达国家因为燃烧这些化石燃料所释放的 $CO_2$ 占据了 95％以上，发达国家是气候变化的主要责任者，应该为自己的历史行为负责，即便在今天，占世界人口约 22％的发达国家仍消耗着全球 70％以上的能源[4]，排放 50％以上的温室气体。同时，目前发达国家的煤电效能比发展中国家高 50％[5]，发达国家有责任有义务为发展中国家提供资金和技术的行动资源，承担自己应该承担的责任，并建立"可计量、可报告、可核实"的技术转让与资金支持新机制[6]。除了上述的积极参与国际上碳标准的制定外，中国还应该积极争取发展资金，健

---

① 解振华. 加强应对气候变化能力建设[J]. 中国科技投资，2009(10).

② 朱启荣. 中国出口贸易中的 $CO_2$ 排放问题研究[J]. 中国工业经济，2010(1).

③ 世界主要国家减排计划[J]. 自动化博览，2009(12).

④ 杜祥琬. 哥本哈根会议和中国低碳能源战略[J]. 杭州科技，2010(2).

⑤ 全球气候变暖谁是最大元凶[N]. 深圳商报，2009－12－13.

⑥ 李威. 论中国在气候谈判中有关资金技术的博弈策略[J]. 绿叶，2009(10).

全清洁发展机制。我国目前是世界上最大的清洁发展机制碳交易的国家(约占 60％),这些项目换回的一些资金和技术将在节能减排等方面发挥积极的作用。2009 年的哥本哈根会议上,我国提出发达国家应该向发展中国家提供节能减排的技术和资金,通过积极争取国外的资金和技术促进我国的低碳经济发展。

# 第二节　改革能源价格机制和统计体系

## 一、完善能源价格形成机制

能源类产品价格改革的最终目标是改变不合理能源价格机制,使得价格能够真实反映资源的稀缺程度和市场的供需关系。但是,因为目前的成本加利润的定价机制以及能源类产品的垄断现状,出现了能源价格怪圈——只涨不改的局面,新疆已经在探索能源价格形成机制。针对这一现象,必须要完善能源价格机制,构建起能合理反映市场供求关系,反映环境损害成本,反映资源稀缺程度能源价格机制。能源价格形成机制是实现低碳发展的重要抓手,既能提高资源能源的配置效率,又能推进我国的节能减排。资源价格机制可以从以下几方面着手。

(1)逐步实现竞争性能源领域的市场定价,自然垄断环节要根据明晰的规则进行监管[1]。

(2)将能源开发、转化和使用过程中的外部成本和资源消耗状况完全反映在能源产品的价格[2]。

(3)价格交叉补贴要逐步实现"暗补"向"明补"转变,并最终向取消交叉补贴、由公共财政提供基本能源消费补贴转变。[3] 具体到各个能源品种而言:

煤炭:适宜上涨煤炭的价格,积极创造条件实现电煤价格市

---

[1]　潘永东. 大力拓展低碳金融业务 助推低碳经济发展[N]. 金融时报,2010-12-20.

[2]　同上.

[3]　同上.

场化,改变成本核算政策,将煤炭资源有偿使用费、安全生产费用、生产环境治理恢复费用、煤矿转产资金和职业健康费用按照一定的渠道列支到煤炭成本中,实现外部成本内部化,逐步实现覆盖全部成本的煤炭价格。

石油:进一步推进成品油价格改革,继续我国成品油价格机制与国际市场接轨趋向,把市场均衡作为成品油价格调整的基本出发点[1],有助于将市场主体的投机行为引向供求平衡的目标。近期政府根据国际油价制定零售价格,中长期来看,要在成品油批发、零售等领域开放准入,引入竞争机制,实现市场定价。

天然气:天然气出厂价格要逐步由政府定价转向市场定价[2],在定价中要考虑按供气成本确定井口及门站价格结构、考虑天然气进口价格和终端用户价格市场化,同时,要通过资源税的调整,理顺天然气出厂价格水平。

城市供热领域:继续加强推进集中供热外,鼓励并支持能效更高的热电产联项目,继续推进热费制度改革,将目前政府主导定价转变为市场定价为主,政府管制为辅,改革再造价格形成机制,如定价规则、价格构成、价格调整等内容,尽快完成热费补贴改革,健全城市供热费制度,实现供热费用市场化、商品化、货币化,逐步形成合理的供热机制[3]。

## 二、改进能源统计体系,逐步引入碳排放统计

### (一)完善目前的能源统计口径

建立温室气体监测统计、气候变化信息共享平台和信息服务体系,以方便信息的收集,改进目前能源调查方法和核算方法、统计方法,增强能源数据统计的真实性和可靠性,为分析数据提供可靠的信息数据;提高能源统计人员的专业素质。培训除了要提

---

① 李永波. 价格管制、放松管制与我国成品油市场均衡[J]. 产业经济研究,2010(2).
② 李斌杰. 长三角地区天然气利用前景[J]. 浙江经济,2004(12).
③ 杨建里. 集中供热市场化的政策研究[J]. 资源与发展. 2006(3).

高理论知识水平,还要注意提高自身的调查访问能力,以夯实能源统计工作的基础。

(二)逐步完善碳足迹统计系统

在节能减排工作的基础上,先核实重点企业的高耗能、高排放、高污染的产品和产品的碳排放量,鼓励企业或者单位使用国际上已有的先进碳排放核算标准,为企业碳排放设立标准;主管部门、组织部门进行碳足迹计算方法的研究,尽快制定出符合本地区情的碳足迹计算,将碳足迹的计算纳入地区统计工作的范围内,成立相应的监督和认证机构,组织人员进行相关知识的学习和资格认证,分阶段、分批次对产品和企业、单位的碳排放的强度等进行计算和统计,并定期在公众网上公布相关的数据,以监督节能减排的实施效果。

## 第三节　应对国际碳关税的措施

碳关税这个概念最早由法国前总统希拉克提出,是指对高耗能产品进口征收特别的二氧化碳排放关税[①]。欧盟国家认为碳排放交易机制后,需要对尚未遵守《京都协定书》的国家课征商品进口税,避免本国产品在竞争中处于不利的地位。征收碳关税不利于发展中国家的发展,我国明确表示反对征收碳关税。

征收碳关税将影响我国的出口贸易。我国对外贸易的主要模式是出口导向型,主要出口劳动密集型和资源密集型产品[②],如塑料制品、棉纺、机电、建材、化工、钢铁等,这些产品具有高污染、高能耗、高排放、低附加值等特征。发达国家征收碳关税后,必将在一定程度上抑制此类产品的出口,碳关税传导到国内的出口企业,等同于国内征收碳税。而在我国尚未开征碳税的条件下,这种传导机制引起了出口企业和内销企业在竞争力上的巨大落差,

①　百度文库:碳关税 http://baike.baidu.com/view/2094552.htm.
②　张晓辉. 比较优势陷阱与中国外贸发展战略选择[J]. 改革与战略,2004(9).

直接将可能导致我国出口企业的转型和倒闭,直接影响我国的出口贸易[①]。

征收碳关税,将影响我国产业和产品的国际竞争力。发达国家和发展中国家出口产品的类型不同,发达国家主要出口服务型产品,发展中国家主要出口制造业相关产品、初级产品。服务型产品属于低能耗、低污染产品,征收碳关税对其影响较小;而制造业相关产品、初级产品属于高能耗、高污染产品,征收碳关税对发展中国家影响较大。如我国在产业优势上主要是农业和制造业,制造产业对能源的需求大,环境污染严重,发达国家征收碳关税,必将加大我国企业的生产成本,进而影响产业和产品的国际竞争力,不利于发展中国家经济的发展。

我们发展中国家在积极履行国际合理条约,积极承担本国节能减排的责任时,也要对不平等的条约提出反对,不是针对碳关税,而是针对发达国家以碳关税之名实施贸易保护,迫使发展中国家承担和发达国家共同而不是有区别的责任,因此我们要提出积极的应对措施。

## 一、改变生产方式和对外贸易方式

中国的经济目前虽然以高速增长,但是以资源环境为代价的,据有关数据显示:中国的单位 GDP 能耗和主要产品的能耗均高于世界平均水平,中国单位 GDP 能耗是日本的 6 倍[②]。我国目前出口的商品主要是以高资源和能源投入,低附加值产品为主,开征碳关税对我国的出口产品提出了挑战[③],这要求我国要改变目前的生产方式,调整出口结构。在生产中加大科技含量,提高资源能源的使用效率,并提升产品的质量;在出口结构中,出口附加值高、能耗污染小的产品,同时加大服务贸易在出口贸易中的

① 张楠.碳关税:新课题·新危机·新挑战[J].石油石化物资采购,2009(11).
② 于春晖,李鹏飞.低碳经济研究综述:研究新经济形态 推动可持续发展[N].人民日报,2010−08−05.
③ 陈洁民."碳关税":国际贸易新热点[J].中国经贸导刊,2010(7).

比重。我国以碳关税为契机,转变以往的生产方式和对外贸易方式,优化出口结构,推动我国的绿色贸易发展。

### 二、参与和制定碳排放量的参考标准

保护生态环境、保护气候安全是国际社会的共同目标,抑制全球气候变暖是全世界面临的重大课题,我国一方面要积极加强国际社会在碳关税等问题上的沟通,加强与其他国家的合作与交流,尽量为本国的发展谋求更大的空间;另一方面,针对目前国际上还没有统一碳排放标准,我国要积极参与和制定碳排放量的参考标准,避免某些有企图、有国际话语权的发达国家利用"绿色贸易"进行所谓的贸易保护,按照对本国有利的方向和标准去征收碳关税。因此,我国要积极参与碳排放的商量协调、谈判,制定合理的碳排放标准,既发挥大国的协调斡旋作用,又要为中国的发展谋求应得的权利。

### 三、开征碳税,促进节能减排

长期以往,我国对外贸易商品具有环境污染高、资源耗费高、产品附加值低的特点。这些外贸商品价格中没有包含合理的资源环境成本,又加大了我国生态环境污染,发达国家针对此类外贸商品征收碳税,加大了中国制造的成本,要改变这种局面的重要途径之一就是通过宏观政策的调控,一方面要减少和限制三高一低产品的出口,对能源密集型和重要的战略性资源产品继续征收高额的出口关税[①];另一方面要在国内开征碳税。发达国家通过征收关税,既遏制了发展中国家的进口,控制了进口贸易的主动权,又为本国的发展获得经济收益,与其让别的国家通过关税来获得收益,还不如中国开征碳税,既在国内通过税收发展低碳经济,促进节能减排,又可将征收的碳税补贴国内的企业。因此,中国可以考虑在国内开征碳税,促进节能减排。

---

① 邢丽叶. 发达国家征收碳关税的实质及我的应对策略[J]. 铜陵学院学报,2010(6).

## 四、扩大内需,改变过度依赖国外市场的现状

出口和投资是拉动我国经济发展的主要形式,大量廉价商品的出口促进了我国经济表象的快速增长,也导致了我国经济发展过度地依赖国外的市场。过度地依赖国外市场意味着我国受到世界经济冲击的影响和风险随之加大。国外发达国家征收碳关税,对我国外贸经济产生影响,将抑制我国部分商品的出口,直接影响我国的产品出口量;加大我国生产成本,影响我国产品在国际上的竞争力。而我国内需严重不足,欧美国家消费在 GDP 中比重在 40%～60%,而我国内需严重不足,则导致民众仍无法在社会保障、收入等各方面分享经济发展红利。因此,我国要制定政策措施扩大内需,如提高城乡居民收入、加快基础设施建设、加大金融对经济增长的支持力度,扩大内需。此外,我国要改变出口过度依赖国外发达国家现状,不断开发新型的国家和发展中国家,减少碳关税对我国的影响,降低风险。

# 参考文献

［1］张坤民,潘家华,崔大.低碳经济论［M］.北京:中国环境科学出版社,2008.

［2］王淑珍,赵邦宏,张润清,宗义湘.资产评估统计与预测［M］.北京:中国财政经济出版社,2001.

［3］陈勇.中国能源与可持续发展［M］.北京:科学出版社,2007.

［4］马九杰,李歆.林业投融资改革与环境金融创新［M］.北京:中国人民大学出版社,2008(4).

［5］中国建筑材料科学研究院.低碳建筑材料与建筑材料的低碳化［M］.北京:化学工业出版社,2003.

［6］王述英.物流运输组织与管理［M］.北京:电子工业出版社,2006.

［7］石中元.来自地球村的报告［M］.青岛:青岛出版社,1995.

［8］马凯.“十一五”规划战略研究(下)［M］.北京:北京科学技术出版社,2005.

［9］周泽兴,林子瑜,宁浩.中国温室气体排放清单编制工作手册［M］.北京:中国石化出版社,1999.

［10］国家计委宏观经济研究院课题组.中国中长期能源战略［M］.北京:中国计划出版社,1999.

［11］陆化普,毛其智,李政等.快速城镇化进程中的城市可持续交通:理论与中国实践［M］.北京:中国铁道出版社,2009.

［12］姚枝仲.英国的石油安全战略［J］.国际经济评论,2005(4).

［13］章波,黄贤金.循环经济发展指标体系研究及实证评价［J］.中国人口·资源与环境,2005,15(3).

［14］庄贵阳.低碳经济:中国别无选择［J］.世界知识,2007,

13(9).

[15] 吴晓青.关于中国发展低碳经济的若干建议［J］.环境保护,2008(3).

[16] 马友华,王桂苓.低碳经济与农业可持续发展［J］.生态环境,2009(6).

[17] 贾帅.英国能源发展战略［J］.全球科技经济瞭望,2004(12).

[18] 马忠海.中国几种主要能源温室气体排放系数的比较评价研究［D］.北京:中国原子能科学研究院,2003.

[19] 陈科.重庆市房地产投融资的灰色关联度分析［J］.重庆交通大学学报,2007,7(2).

[20] 徐国泉,刘则渊,姜照华.中国碳排放的因素分解模型及实证分析:1995—2004［J］.中国人口·资源与环境,2006(6).

[21] 朱松丽.英国的能源政策和气候变化应对策略——从2003版到2007版能源白皮书［J］.气候变化研究进展,2008(5).

[22] 潘家华.英国低碳发展的激励措施及其借鉴［J］.中国经贸导刊,2006(18).

[23] 杨佳琛.国际碳交易市场及其衍生金融产品分析［J］.金融财经,2009(2).

[24] 胡淙洋.低碳经济与中国发展［J］.科学对社会的影响,2008(1).

[25] 方涵."低碳经济"概述及其在中国的发展［J］.经济视角,2009(3).

[26] 冒晓立.金融危机对中国发展碳金融的影响及对策分析［J］.四川环境,2009(6).

[27] 汤小明.发达国家碳金融发展现状［J］.企业导报,2009(11).

[28] 谢军安等.我国发展低碳经济的思路与对策［J］.当代经济管理,2008(12).

[29] 邹亚生.低碳经济背景下我国的碳金融发展之路［J］.中

国金融,2010(4).

[30] 任力.低碳经济与中国经济可持续发展[J].社会科学家,2009(2).

[31] 汪澜.再论中国水泥工业 $CO_2$ 的减排[J].中国水泥,2008(2).

[32] 谢军安等.我国发展低碳经济的思路与对策[J].当代经济管理,2008(12).

[33] 王留之,宋阳.略论我国碳交易的金融创新及其风险防范[J].现代财经,2009(6).

[34] 金乐琴.中国如何理智应对低碳经济的潮流[J].经济学家,2009(3).

[35] 靳志勇.英国实现低碳经济能源政策[J].全球科技经济瞭望,2003(10).

[36] 李丽平.国际贸易视角下的中国碳排放责任分析[J].环境保护,2008(3).

[37] 陈志恒.日本构建低碳社会行动及其主要进展[J].现代日本经济,2009(5).

[38] 姚良军,孙成永.意大利的低碳经济发展政策[J].中国科技产业,2007(11).

[39] 马学禄.低碳经济——可持续发展必由之路[J].城市住宅,2008(5).

[40] 任为峰.低碳经济与环境金融创新[J].上海经济研究,2008(3).

[41] 李小燕,王林萍,郑海荣.绿色金融及其相关概念的比较[J].科技和产业,2007(7).

[42] 安伟.绿色金融的内涵、机理和实践初探[J].经济经纬,2008(5).

[43] 任卫峰.低碳经济与环境金融创新[J].上海经济研究,2008(3).

[44] 倪书俊,刘常建,卢华.山东循环经济发展总体思路与

对策建议[J].宏观经济研究,2006(2).

[45] 孔令红.智慧 NGO 参与和推动绿色金融的启迪意义[J].经济研究导刊,2009(11).

[46] 粟庆."低碳住宅"建筑实践案例解析[J].中国新技术新产品,2009(24).

[47] 宋涛,郑挺国,佟连军.环境污染与经济增长之间关联性的理论分析和计量检验[J].地理科学,2007,27(2).

[48] 邹晓周,曲菲.绿色节能主义之低碳建筑[J].建筑节能,2009(4).

[49] 陈启棕,章月萍.物业设备设施的低碳化管理[J].机电技术,2009(2).

[50] 秦立山.建仓低碳经济板块正逢其时[J].股市动态分析,2009(11).

[51] 王增武,袁增霆.碳金融市场中的产品创新[J].中国金融,2009(24).

[52] 王健朴.物业管理企业在节能降耗中的重要性[J].物业管理,2007(9).

[53] 李冉,史其信.清洁发展机制与公共交通融资新渠道[J].综合运输,2008(10).

[54] 李先逵.我国城市轨道交通发展战略的思考[J].城市轨道交通研究,1998(4).

[55] 余凌曲,张建森.轨道交通对低碳城市建设的作用[J].开放导报,2009(5).

[56] 刘颖等.低碳经济与碳币论研究[J].国际经济合作,2010(1).

[57] 庄贵阳.中国经济低碳发展的途径与潜力分析[J].国际技术经济研究,2005(11).

[58] 李威.国际法框架下碳金融的发展[J].国际商务研究,2009(4).

[59] 叶龙,汪月娥.我国综合运输体系发展趋势分析[J].北

方交通,2007(12).

[60] 蒋军,邹丹.浅议绿色物流中运输绿色化[J].物流科技,2008(5).

[61] 赵占超.发展绿色物流实现交通运输新跨越[J].商场现代化,2008(33).

[62] 陈柳欣.低碳经济:国外发展的动向及中国的选择[J].甘肃行政学院学报,2009(6).

[63] 赵一平,孙祁红等.中国经济发展与能源消费相应关系研究[J].科研管理,2006(3).

[64] 成万牍.我国发展"碳金融"正当其时[J].经济,2008(6).

[65] 周跃志,吕光辉,秦燕.天山北坡经济带绿洲生态经济脱钩分析[J].生态经济,2007(9).

[66] 陈百强,杜红亮.试论耕地占用与 GDP 增长的脱钩研究[J].资源科学,2006(5).

[67] 邓华,段宁."脱钩"评价模式及其对循环经济的影响[J].中国人口资源环境,2004(6).

[68] 何力.哥本哈根之后的道路[J].财经,2009(26).

[69] 王明霞.脱钩理论在浙江循环经济发展模式中的运用[J].林业经济,2006(12).

[70] 顾晓薇,王青等.环境压力指标及应用[J].中国环境科学,2005(3).

[71] 张晓梅.发挥比较优势与优化山西产业结构的探讨[J].经济问题,2008(3).

[72] 沈永平.IPCC WGI 第四次评估报告关于全球气候变化的科学要点[J].冰川冻土,2007(1).

[73] 邢芳芳,欧阳志云等.北京终端能源碳消费清单与结构分析[J].环境科学,2007(9).

[74] 王中英,王礼茂.中国经济增长对碳排放的影响分析[J].安全与环境学报 2006,6(5).

[75] 高峰. 山西能耗变动趋势分析[J]. 中国能源,2008(1).

[76] 杨玉峰,刘滨. 温室气体排放总量计算的不确定性及对清洁发展机制的影响[J]. 上海环境科学,2001(2).

[77] 杜婷婷,毛锋,罗锐. 中国经济增长与 $CO_2$ 排放演化探析[J]. 中国人口·资源与环境,2007,17(2).

[78] 赵荣钦,秦明周. 中国沿海地区农田生态系统部分碳源/汇时空差异[J]. 生态与农村环境学报,2007,23(2).

[79] 张德英,张丽霞. 碳源排碳量估算办法研究进展[J]. 内蒙古林业科技,2005(1).

[80] 张雷. 经济发展对碳排放的影响[J]. 地理学报,2003,58(4).

[81] 魏一鸣,刘兰翠,范英,吴刚等. 中国能源报告(2008):碳排放研究[M]. 北京:科学出版社,2008.

[82] 徐玉高,郭元,吴宗鑫. 经济发展,碳排放和经济演化[J]. 环境科学进展,1999,7(2).

[83] 王正鹏,李莹,李德贵. 进出口贸易对中国能源二氧化碳排放影响的初步分析[J]. 中国能源,2008(3).

[84] 李丽平,任勇,田春秀. 国际贸易视角下的中国碳排放责任分析[J]. 环境保护,2008(6).

[85] 能源研究所"中国可持续发展能源暨碳排放分析"课题组. 中国可持续发展能源暨碳排放情景研究[J]. 中国能源,2003(6).

[86] 梁巧梅,Norio Okada,魏一鸣. 能源需求与二氧化碳排放分析决策支持系统[J]. 中国能源,2005,27(1).

[87] 戴彦德,朱跃中. 中国可持续能源发展情景及其碳排放分析[J]. 中国能源,2002(11).

[88] 周海屏. 全球二氧化碳排放权交易市场的分析与展望[J]. 上海环境科学,2003,22(10).

[89] 张坤民. 低碳世界中的中国:地位、挑战与战略[J]. 中国人口·资源与环境,2008,18(3).

[90] 孟德凯.关于我国低碳经济发展的若干思考[J].综合管理,2007(9).

[91] 付允,马永欢,刘怡君等.低碳经济的发展模式研究[J].中国人口·资源与环境,2008,18(3).

[92] 林诠.建材产业结构调整的根本方向[J].中国建材,2009(9).

[93] 邹秀萍,陈劭锋,宁淼等.中国省级区域碳排放影响因素的实证分析[J].生态经济,2009(3).

[94] 金乐琴,刘瑞.低碳经济与中国经济发展模式转型[J].经济问题探索,2009(1).

[95] 国务院发展研究中心应对气候变化课题组.当前发展低碳经济的重点与政策建议[J].中国发展观察,2009(8).

[96] 靳志勇.英国实行低碳经济能源政策[J].全球科技经济瞭望,2003(10).

[97] 杜飞轮,对我国发展低碳经济的思考[J].中国经贸导刊,2009(10).

[98] 章宁.从丹麦"能源模式"看低碳经济特征[J].科技经济透视,2007(12).

[99] 毛玉如,沈鹏,李艳萍等.基于物质流分析的低碳经济发展战略研究[J].现代化工,2008,28(11).

[100] 万宇艳,苏瑜.基于 MFA 分析下的低碳经济发展战略[J].中国能源,2009,31(6).

[101] 马驰,丁俊慧.基于低碳经济的旅游业发展对策研究[J].现代经济,2009(7).

[102] 丁丁,周同.我国低碳经济发展模式的实现途径和政策建议[J].环境保护和循环经济,2008(3).

[103] 王文军.低碳经济发展的技术经济范式与路径思考[J].云南社会科学,2009(4).

[104] 吴楚材,吴章文,郑群明,胡卫华.生态旅游的概念研究[J].旅游学刊,2007(1).

[105] 刘啸.论低碳经济与低碳旅游[J].中国集体经济,2009(5).

[106] 郑琳琳,林喜庆.试论"低碳旅游"模式的构建:气候变化条件下旅游业的应对[J].襄樊职业技术学院学报,2010,9(1).

[107] 黄文胜.论低碳旅游与低碳旅游景区的创建[J].产业观察,2009(11).

[108] 杜胜品等.城市绿色交通规划的研究及发展对策[J].武汉科技大学学报(自然科学版),2002(6).

[109] 诸大建等.管理城市成长:精明增长理论及对中国的启示[J].同济大学学报(社会科学版),2006(17).

[110] 张建武.长沙市综合交通发展战略初探[J].区域交通,2006(12).

[111] 钟东阶,蒋国璋.对我国城市实施绿色交通体系对策的探讨[J].上海汽车,2004(5).

[112] 刘啸.低碳旅游——北京郊区旅游未来发展的新模式[J].北京社会科学,2010(1).

[113] 林卫.欧洲城市交通的经验与启示[J].城市规划,2001,25(10).

[114] 陈智慧.论绿色交通与交通的可持续发展[J].现代城市研究,2003(12).

[115] 陈旭梅.绿色交通理念下的城市交通可持续发展[J].综合运输,2002(2).

[116] 江黎明,吴瑞麟.浅谈绿色交通[J].中南公路工程,2004,29(3).

[117] 夏光.动员国家力量发展低碳经济[J].绿叶,2009(5).

[118] 刘冬飞."绿色交通":一种可持续发展的交通理念[J].现代城市研究,2003,18(1).

[119] 张坤民.低碳世界中的中国:地位、挑战与战略[J].中国人口·资源与环境,2008(3).

[120] 任卫峰.低碳经济与环境金融创新[J].上海经济研究,

2008(3).

[121] 王梦恕. 我国城市交通的发展方向[J]. 铁道工程学报,2003(1).

[122] 李丽平等. 国际贸易视角下的中国碳排放责任分析[J]. 环境保护,2008(31).

[123] 葛宏伟,陈学武,王炜等. 城市老城区公共交通发展策略和模式研究——以苏州市古城区为例[J]. 交通运输工程与信息学报,2003,1(2).

[124] 彭近新. 人类从应对气候变化走向低碳经济[J]. 环境科学与技术,2009(6).

[125] 潘家华. 人类发展分析的概念架构与经验数据——以对碳排放空间的需求为例[J]. 中国社会科学,2003(6).

[126] 潘家华,郑艳. 碳排放与发展权益[J]. 环境保护,2008(4).

[127] 北京宣言:中国城市交通发展战略[J]. 城市规划,1996(4).

[128] 姜克隽等. 中国发展低碳经济的成本优势[J]. 绿叶,2009(5).

[129] 上海市第三次综合交通调查成果概要[J]. 城市交通,2005(4).

[130] 郑志国. 低碳经济概念的科学性质疑[J]. 理论月刊,2009(11).

[131] 丁卫东,刘明,杜胜品. 交通方式与城市绿色交通[J]. 武汉科技大学学报(自然科学版),2003(1).

[132] 阮哲明. 交通行为的经济分析[J]. 规划师,2004(6).

[133] 夏文汇. 物流园区建设与区域制度创新和制度变迁研究[J]. 重庆工学院学报,2005,19(12).

[134] 杨文培. 能源发展与经济增长互动关系探讨[J]. 煤炭经济研究,2005(1).

[135] 张明慧,李永峰 论我国能源与经济增长关系[J]. 工业

技术经济,2004(8).

[136] 葛兆强.低碳经济的本质与碳金融的发展趋势[N].上海证券报,2010—01—16.

[137] 孙颖.哥本哈根之后"碳金融"加速[N].中国企业报,2009—12—22(001).

[138] 黄丽珠."碳金融"或将成为境内商业银行"新宠"[N].金融时报,2008—05—05(005).

[139] 王宇,李季.碳金融:应对气候变化的金融创新机制[N].中国经济时报,2008—12—09(005).

[140] 包征宇."碳金融"市场广阔利润与风险并存[N].中国城乡金融报,2008—07—04(B01).

[141] 刘振江.加快低碳城市建设的几点建议[N].中国改革报,2010—02—03.

[142] 王勇.低碳金融创新 大银行应有大作为[N].上海证券报,2009—12—24(F07).

[143] 马骁.发展"碳金融"商业银行大有可为[N].金融时报,2010—01—25(006).

[144] 傅苏颖,刘明康.银行业要成为低碳金融服务的"创新者"[N].证券日报,2009—12—23(A2).

[145] 于天飞.碳排放权交易的市场研究[D].南京:南京林业大学,2007.

[146] 张德英.我国工业部门碳源排碳量估算方法研究[D].北京:北京林业大学,2005.

[147] 王雪娜.我国能源类碳源排碳量估算办法研究[D].北京:北京林业大学,2006.

[148] Energy white paper 2003:Our energy future-creating a lowcarbon economy[EB/OL].http://www.berr.gov.uk.

[149] Andre Chamberland and S Levesque.Hydroelectricity,an optionto reduce Greenhouse gas emissionsfrom Thermal Power Plant,proceeding of the International Energy Agency Greenhouse Gases

[Z]. London: Mitigationoption Conference, 1995.

[150] Department of Trade and Industry (DTI). Energy-white paper: our energy future-creating a low carbon economy [Z]. London: DTI, 2003.

# 致　　谢

经历了艰辛的求索和辛勤耕耘,洒下了无数的汗水,我三年的博士学习生活即将结束。三年学习生涯虽然短暂,但对我来说却极其不平凡,既有成功的欢乐也有遭遇挫折的沮丧。通过不断的学习和历练,我的知识结构不断完善,认知能力不断提高,最终完成了我的博士论文。攻读博士学位对我的人生是一个很大的挑战,感谢所有关心和帮助我的人。

我要首先感谢我的导师邓玲教授。在学习中,她渊博的知识、严谨科学的治学作风,成为我一生学习的楷模。在论文的写作过程中,老师更是倾注了大量的心血,论文从选题、篇章结构的安排到文字表述,无不凝聚了老师的辛苦操劳。在我的思维停滞、写作陷入困境的时候,老师总是用智慧和耐心一次次地拨开迷雾,引领我走出困境。在生活中,她教育我为人大度,遇事乐观开朗,待人真诚将是我一生处世为人的准则。

同时我还要向黄勤副教授、龚勤林副教授、曾武佳老师、杜黎明老师表示感谢,无论是在博士阶段还是在之前的硕士阶段,各位老师的授课、讲座、著作以及对我的点拨,都令我受益匪浅,特别是对论文修改提出了许多宝贵的意见。

深深感谢各位师姐、师妹、师兄、师弟对我在生活和学习上的巨大帮助,正是你们的无私帮助,才使我的学习生涯显得那么的多姿多彩。我们在学习中结成的这种友谊将是我此生不可多得的精神财富,也将照亮我未来的道路。

最后我要感谢我的父母和满娃,感谢你们无私的爱以及一如既往的支持、理解,这些是我能坚定学习的信心和勇气,并最终完成学业的最大动力。

最后,我要感谢四川大学,感谢母校对我多年的培养之恩,祝母校的明天更美好!

李晓燕

2016 年 4 月